Choa Kok Sui

Pranaheilen mit Kristallen

Choa Kok Sui

Pranaheilen mit Kristallen

Verlag Hermann Bauer
Freiburg im Breisgau

Die Deutsche Bibliothek – CIP-Einheitsaufnahme

Choa, Kok Sui:
Pranaheilen mit Kristallen / Choa Kok Sui.
[Dt. von Cordula Scheel]. – 1. Aufl. –
Freiburg im Breisgau : Bauer, 1998
   Einheitssacht.: The ancient science and art
of pranic crystal healing ⟨dt.⟩
ISBN 3-7626-0574-2

Die englische Originalausgabe erschien 1996 bei
Institute for Inner Studies, Inc., Manila, Philippines,
unter dem Titel
The Ancient Science and Art of Pranic Crystal Healing
© 1996 by Choa Kok Sui

Mit 52 Zeichnungen von Benny Gantioqui

Deutsch von Cordula Scheel
Lektorat von Irina Mamula

1. Auflage 1998
ISBN 3-7626-0574-2
© für die deutsche Ausgabe 1998 by
Verlag Hermann Bauer KG, Freiburg i. Br.
Das gesamte Werk ist im Rahmen des Urheberrechtsgesetzes geschützt.
Jegliche vom Verlag nicht genehmigte Verwertung ist unzulässig.
Das gilt auch für die Verbreitung durch Funk, Fernsehen,
photomechanische Wiedergabe, Tonträger jeder Art,
elektronische Medien sowie für auszugsweisen Nachdruck.
Einband: Ralph Höllrigl unter Verwendung einer Illustration
von Benny Gantioqui
Satz: Fotosetzerei G. Scheydecker, Freiburg i. Br.
Druck und Bindung: Freiburger Graphische Betriebe, Freiburg i. Br.
Printed in Germany

Gewidmet ...

Dabon,
Mike und
Nene

Dank

Der göttlichen Vorsehung,
deren grenzenlose Liebe und Segnungen
dieses Buch ermöglicht haben,

dem verehrten Lehrer Mei Ling
für seinen Segen und für seine unschätzbaren
Unterweisungen,

an Mike Nator
für die hellsichtige Überwachung
der Experimente und

an andere
für ihre wertvollen Vorschläge und Beiträge.

Inhalt

Einführung 10

Kapitel 1
Grundlagen und Prinzipien 11
Was ist Pranaheilen mit Kristallen? 11
Drei wesentliche Eigenschaften von Kristallen 11
Wann Kristalle nicht getragen werden sollten 16
Das Gesetz des Karmas 18

Kapitel 2
Vier Grundtechniken für die Behandlung und den
Gebrauch von Kristallen zum Heilen 19
Reinigen eines Kristalls 19
Reinigungstechniken 21
Wasser und Salz 22
Räucherwerk 24
Wie ein Kristall mit Hilfe von Räucherwerk
   gereinigt wird 25
Elektrisch-violettes Licht 26
Wie ein Kristall mit elektrisch-violettem Licht
   gereinigt wird 26
Wie ein Kristall mit Hilfe eines Gebets gereinigt
   wird 28
Aufladen eines Kristalls 29
Programmieren oder Anweisungen eingeben 29
Stabilisieren der Pranaenergie 29

Kapitel 3
Wie Sie Ihre Heilkraft mit Kristallen verstärken können 30
So verstärken Sie Ihre Heilkraft 30
Fünf Dinge, die Sie beim Pranaheilen vermeiden sollten 34
Was die Kraft eines Kristalls bestimmt 37
Ringe mit Kristallen aktivieren Chakras 37

Kapitel 4
Wie mit einem Laser-Quarzkristall gereinigt und energetisiert wird 41
Was ist ein Laserkristall? 41
Wie ein Laserkristall gehalten wird 41
Chakra-Aktivator auf der empfangenden Hand und Laserkristall auf der projizierenden Hand 43
Allgemeines Sweeping mit einem Laserkristall 45
Örtliches Sweeping mit einem Laserkristall 47
Wie ein verschmutztes Chakra gründlich gereinigt wird 53
Wie mit Hilfe eines Laserkristalls energetisiert wird . 54
Wie die projizierte Pranaenergie stabilisiert wird ... 55
Wie die Verbindung getrennt wird 55
Erbitten des göttlichen Segens 56
Verteilendes Sweeping 60
Fernheilung mit Kristallen 63
Einen Kristall als Extraktor benutzen 64
Anwendungsmöglichkeiten bei Gesundheitsstörungen und Krankheiten 68

Kapitel 5
Wie Kristalle für Heilen mit farbigem Prana benutzt werden 97
Übertragen von farbigen Prana mit einem Laserkristall 97
Wurzel-/Handchakra-Technik 98

Inhalt

Hals-/Handchakra-Technik 100
Kronen-/Handchakra-Technik 102
Heilen mit farbigem Prana 104
Vier Dinge, die Sie beim Arbeiten mit farbigem Prana
  vermeiden sollten 105

Kapitel 6
Wie Sie die Kraft Ihres Kristalls verstärken können . 107
Aufladen eines Kristalls durch Pranaatmung 110
Aufladen eines Kristalls mit Sonnen-, Luft- und
  Erdprana 110
Weihen: Aufladen und Programmieren von Kristallen
  im Freien 113
Wie der geweihte Kristall eingesetzt wird 118

Kapitel 7
Weiteres über Pranaheilen mit Kristallen 120
Kristallpendel 120
Schmuck: Psychische Imprägnierung 121
Auflegen geweihter Kristalle 122
Wie Sie beim Auflegen geweihter Kristalle
  vorgehen 124
Eigenschaften von farbigen Kristallen 128

Kapitel 8
Anhang 1 Sensibilisierung der Hände 133
Anhang 2 Scanning der inneren Aura 136
Anhang 3 Heilen mit göttlicher Energie 144
Anhang 4 Kurse und Seminare 147
Anhang 5 Prana-Heilungszentren und
          -organisationen 148

Register 153

Einführung

Dieses Buch enthält die reine Essenz der Wissenschaft und Kunst des Pranaheilens mit Kristallen. Zweifelhafte oder auf Aberglauben beruhende Vorstellungen oder Überzeugungen wurden restlos beseitigt. Die Grundlagen, Richtlinien und Techniken basieren auf gesicherten esoterischen Tatsachen, die klar und einfach erklärt werden.

Wir setzen voraus, daß der Leser bereits gewisse Kenntnisse des Pranaheilens besitzt und die Grundstufe auch praktisch beherrscht. Kenntnisse und Fähigkeiten der mittleren und fortgeschrittenen Stufe des Pranaheilens sowie auf dem Gebiet der Prana-Psychotherapie sind von Vorteil.

Gleichzeitig wurde das Buch so gestaltet, daß selbst Leser, die erst über Grundkenntnisse im Heilen mit Prana oder anderen Energieformen verfügen, sofort damit arbeiten können.

Ein Kristall ist einfach ein Werkzeug beim Heilen. Seine Wirksamkeit hängt von der Kraft des Pranaheilers ab, gerade so, wie ein chirurgisches Messer nur ein Werkzeug ist, dessen Wirksamkeit von der Fähigkeit des Chirurgen abhängt. Es gibt viele Arten verschiedener Kristalle, die zum Heilen benutzt werden können. Dieses Buch konzentriert sich allerdings im wesentlichen auf den klaren Quarzkristall.

Kapitel 1

Grundlagen und Prinzipien

Was ist Pranaheilen mit Kristallen?

Beim Pranaheilen mit Kristallen werden bei allen gewohnten Schritten grundsätzlich Kristalle als Instrumente eingesetzt.

Drei wesentliche Eigenschaften von Kristallen

Welche drei wesentlichen Eigenschaften besitzen Kristalle?
1. Sie sind Kondensatoren feinstofflicher Energie
2. Sie sind programmierbar
3. Sie aktivieren Chakras

Kristalle sind Kondensatoren feinstofflicher Energie

Ein Kristall ist ein Kondensator feinstofflicher Energie. Das bedeutet, daß er feinstoffliche Energien aufnehmen, speichern, bündeln und abgeben kann. Er arbeitet ähnlich wie eine wieder aufladbare Batterie, die elektrische Energie aufnimmt, speichert und wieder abgibt. In gleicher Weise ist ein Kristall in der Lage, Pranaenergie aufzunehmen, zu speichern, zu bündeln und abzugeben.

Kristalle sind programmierbar

Wenn Sie hellsichtig sind und einen natürlichen Kristall betrachten, können Sie in seinem Innern kleine Lichtfunken sehen. Diese Blitze oder Lichtpunkte sind Bewußtseinsfunken. Es handelt sich um eine sehr niedere Form von Bewußtsein. Synthetische Kristalle besitzen minimale Bewußtseinsfunken und sind demgemäß viel schwächer im Vergleich zu natürlichen Kristallen.

Ein Kristall besitzt keinen Willen. Er befolgt daher Anweisungen ohne jeden Widerstand. Wenn Sie sagen: »Nimm Pranaenergie auf«, so nimmt er sie auf. Sagen Sie: »Gib Pranaenergie ab«, so gibt er sie ab.

Menschen und Tiere haben Bewußtsein und außerdem Willenskraft. Aus diesem Grunde werden sie Ihren Anweisungen folgen oder auch nicht. Wenn Sie ihnen auftragen, etwas zu tun, können sie sich widersetzen. Sie können einem Tier etwas zu tun befehlen, in manchen Fällen jedoch wird das Tier nicht gehorchen, weil es einen eigenen Willen hat. Auch Pflanzen haben Bewußtsein. Pflanzen neigen dazu, schneller, kräftiger und gesünder zu wachsen, wenn jemand mit ihnen spricht. Auch sie besitzen eine Willenskraft, wenn auch weniger ausgeprägt. Wie gesagt, haben Kristalle keine Willenskraft. Sie werden daher alles befolgen, was Sie ihnen auftragen. Beim Programmieren eines Kristalls sollten Sie nicht zu viele Anweisungen geben oder zu komplizierte Dinge verlangen.

Kristalle aktivieren Chakras

Ein Kristall wirkt aktivierend auf die Chakras ein. Was meinen wir hiermit? Wird ein Kristall direkt auf ein Chakra gelegt, wird dieses aktiviert. Wenn Sie einen Hellsichtigen bitten, das Chakra anzusehen, so wird er wahrnehmen, wie es größer wird, schneller dreht und mehr Energie besitzt. Der Kristall aktiviert nicht nur das Chakra, auf das er gelegt wurde, sondern auch andere Chakras, vor allem die unteren.

Grundlagen und Prinzipien 13

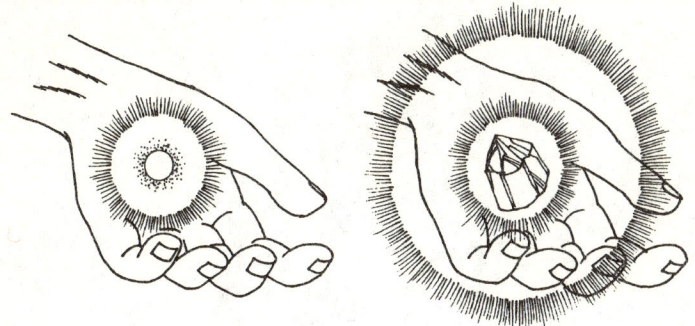

Abb. 1.1 Wie ein Kristall das Handchakra aktiviert

Wir schlagen folgendes Experiment vor:

1. Suchen Sie sich eine gesunde, nicht schwangere Partnerin oder einen gesunden Partner.
2. Sensibilisieren Sie Ihre Hände einige Minuten lang.
3. Scannen Sie alle Hauptchakras, vom Kronen- bis zum Wurzelchakra.
4. Legen Sie einen großen, klaren Quarzkristall auf die Hand des Partners. Falls der Kristall in einer Spitze endet, so richten Sie diese Spitze auf den Körper des Partners (Vgl. Abb. 1.1).
5. Scannen Sie erneut alle Hauptchakras vom Kronen- bis zum Wurzelchakra. Stellen Sie fest, wie sich die Größe der Chakras verändert hat.
6. Scannen Sie die innere Aura erneut. Stellen Sie die Größenveränderung der inneren Aura fest.
   Sie werden folgendes bemerken:
   a) Alle Hauptchakras sind größer geworden oder stärker aktiviert.
   b) Die unteren Chakras sind größer oder stärker aktiviert als die oberen Chakras.
   c) Die innere Aura ist größer geworden.
   d) Der untere Bereich der inneren Aura ist größer als der obere Bereich.

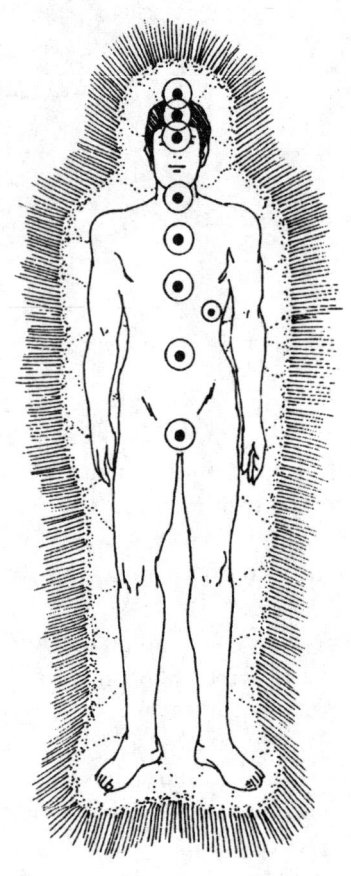

Abb. 1.2 Die normale Größe der Chakras und der inneren Aura

Obwohl Kristalle die Chakras aktivieren und die Auren stärken und erweitern, haben sie leider die Tendenz, die unteren Chakras stärker als die oberen zu aktivieren. Stellen Sie selbst fest, ob die unteren Chakras größer im Vergleich

Grundlagen und Prinzipien 15

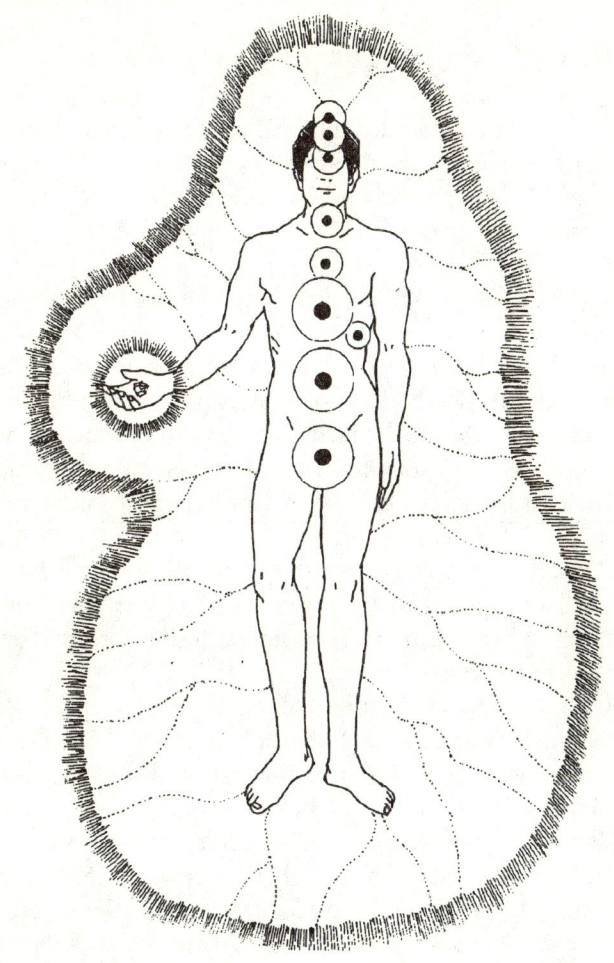

Abb. 1.3 Wie ein Kristall die Chakras und die innere Aura aktiviert

zu den oberen sind. Das bedeutet, daß Patienten mit Herzproblemen, Bluthochdruck oder Krebs besser keine Kristalle am Körper tragen oder in ihren Räumen haben sollten.

Wann Kristalle nicht getragen werden sollten

Das Tragen von Kristallen hat bestimmte Nebenwirkungen. Sie müssen daher wissen, wann Sie sie tragen dürfen und wann nicht. Unter welchen Umständen sollten Sie Kristalle nicht tragen?

1. Da ein Kristall die Tendenz hat, die unteren Chakras stärker als die oberen zu aktivieren, sollten Menschen mit Bluthochdruck weder Kristalle tragen noch sich längere Zeit in der Nähe großer Kristalle aufhalten. Sonst könnte der Bluthochdruck sich verstärken oder schwer zu kontrollieren sein. Schon bei einer Neigung zu erhöhtem Blutdruck ist das Tragen von Kristallen nicht anzuraten.
2. Menschen mit Herzproblemen sollten weder Kristalle tragen, noch sich längere Zeit in der Nähe großer Kristalle aufhalten, weil sich dadurch ihr Zustand verschlechtern könnte.
3. Auch Leukämiepatienten sollten keine Kristalle tragen oder sich längere Zeit in der Nähe großer Kristalle aufhalten, weil sich dadurch ihr Zustand verschlechtern könnte.
4. Ebenso ist das Tragen von Kristallen für Tumor- oder Krebskranke nicht ratsam. Bei Krebskranken sind das Wurzel-, das Meng-Mein-Chakra und das Solarplexuschakra bereits überaktiviert. Das Tragen von Kristallen würde diese unteren Chakras weiter aktivieren und so dazu führen, daß die Krebszellen sich schneller ausbreiten.

Ein Patient mit Leberkrebs hatte sich nach einer mehrmaligen Pranabehandlung einem medizinischen Test unterzogen. Die Ergebnisse zeigten, daß das Ausmaß der Erkrankung des betroffenen Körperteils wesentlich geringer geworden war. In dem Wunsch, schnell gesund

zu werden, kaufte der Patient einen großen Amethyst. Nach ein bis zwei Wochen wurde er erneut geröntgt. Irritiert stellte der Arzt fest, daß sich die Krebszellen sogar schneller verbreitet hatten.
5. Geistig oder psychisch unausgeglichene Menschen sollten im allgemeinen ebenfalls keine Kristalle tragen.
6. Der Zustand der Chakras bei Schwangeren ähnelt dem von Krebspatienten: Wurzel-, Meng-Mein-Chakra und Solarplexuschakra einer Schwangeren sind überaktiviert. Die oberen Chakra-Bereiche sind jedoch normal. Bei einem Krebspatienten sind das Ajnachakra und Herzchakra unteraktiviert.

Trägt eine Schwangere Schmuck mit Edelsteinen, so können sich die ohnehin schon überaktivierten unteren Chakras noch weiter verstärken und Bluthochdruck oder eine Fehlgeburt verursachen.

Schwangere sollten sich von großen Kristallen möglichst fernhalten, besonders, wenn diese nicht gereinigt oder »behandelt« worden sind. Sie könnten sich anstecken und dadurch dem werdenden Kind schaden.
7. Praktiziert jemand fortgeschrittene Meditation, so ist es für ihn nicht ratsam, Kristalle zu tragen oder sich in ihrer Nähe aufzuhalten. Es könnten sonst folgende Symptome auftreten: Schlaflosigkeit, chronische körperliche Schwäche, Schmerzen an verschiedenen Körperstellen, Bluthochdruck, aufsteigende Hitze.

Bitte beachten Sie:
Mit dem Begriff »Kristalle« sind hier Diamanten, andere Edelsteine sowie Halbedelsteine gemeint. Beim Pranaheilen werden häufig Quarzkristalle (z. B. Bergkristall) verwendet.

Das Gesetz des Karmas

Das Gesetz des Karmas besagt: Was ein Mensch sät, wird er ernten. Wie jede andere Wissenschaft kann die Wissenschaft und Kunst des Pranaheilens mit Kristallen für gute oder schlechte Zwecke benutzt werden. Wird sie in nobler Absicht angewendet, so wird für denjenigen, der sie ausübt, viel gutes Karma entstehen. Das wird sich darin zeigen, daß er Glück hat, gesund und zufrieden ist, wohlhabend und spirituell. Mißbraucht dagegen jemand die Unterweisungen und Techniken zum Schaden von Menschen, so wird er schwere karmische Rückschläge erleiden. Das wird sich in jahrelangem Unglück zeigen, in instabiler Gesundheit, und Chaos und Armut werden das Leben des betreffenden Menschen bestimmen.

Kapitel 2

Vier Grundtechniken für die Behandlung und den Gebrauch von Kristallen zum Heilen

Es gibt vier Grundtechniken für die Behandlung und den Gebrauch eines Kristalls zum Heilen:

1. *Reinigen* bedeutet, verbrauchte Energien zu entfernen.
2. *Aufladen* bedeutet, den Kristall mit Pranaenergie anzufüllen.
3. *Programmieren* bedeutet, dem Kristall die Anweisung einzugeben.
4. *Stabilisieren* erfolgt, damit die aufgenommene Pranaenergie länger im Kristall erhalten bleibt.

Reinigen eines Kristalls

Es ist wichtig, einen Kristall vor dem Benutzen zu reinigen. Warum reinigen? Was entfernen Sie aus dem Kristall?

1. Immer, wenn jemand einen Kristall berührt oder mit ihm umgeht, wird Energie vom Kristall übertragen und aufgenommen. Diese Energie kann entweder sauber oder schmutzig sein. Einen unreinen Kristall zu benutzen, ist so als ob Sie eine schmutzige Tasse zum Trinken nehmen würden. Sie müssen die Tasse erst reinigen, bevor Sie Tee oder Kaffee hineingießen. Ebenso ist es nicht ratsam, saubere Pranaenergie in einen energetisch unreinen Kristall zu projizieren. Wie auch immer die verschmutzte Energie in den Kristall gelangt ist, sie muß als erstes wieder entfernt werden.

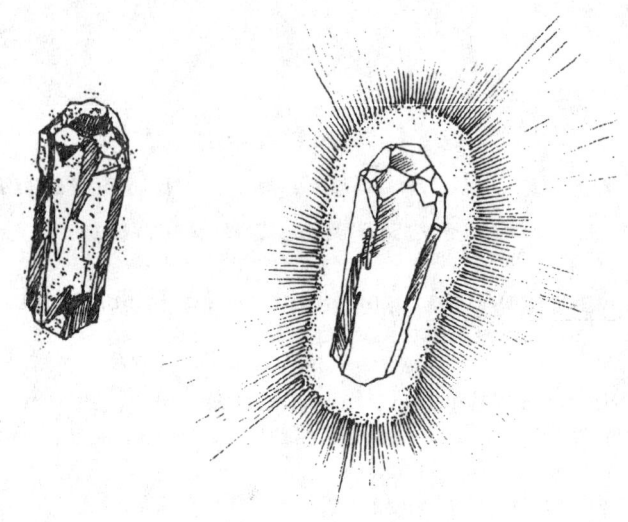

Abb. 2.1 Ein Kristall vor und nach dem Reinigen

2. Immer, wenn jemand einen Kristall berührt oder mit ihm umgeht, werden bestimmte Eigenschaften dieser Person auf ihn übertragen. Ein Teil der Eigenschaften und Energien einfacher Leute gehen schon beim Abbau in den Minen und während der weiteren Behandlung auf die Kristalle über. Das nennt man _psychische Imprägnierung._ Wenn z. B. jemand, der einen Kristall hält, viel Ärger hat oder sehr pessimistisch ist, so wird diese negative Energie auf den Kristall übergehen und ihn imprägnieren. Ebenso wird auch die positive Eigenschaft eines Optimisten in Form von Energie auf den Kristall übertragen. Aus diesem Grund muß der vorherige psychische Eindruck oder die Imprägnierung entfernt werden.
3. Außerdem müssen Sie jegliche Programme, die möglicherweise in den Kristall eingegeben wurden, entfernen. Wer den Kristall vorher besessen hat, kann ihn bereits in bestimmter Absicht programmiert haben.

Wir schlagen folgendes Experiment vor:

1. Nehmen Sie einen Kristall, der noch nicht gereinigt oder behandelt wurde.
2. Sensibilisieren Sie einige Minuten lang Ihre Hände und Finger.
3. Scannen Sie den Kristall mit den Fingern Ihrer rechten Hand. Machen Sie das bitte sehr langsam. Erfühlen Sie das Energiefeld. Spüren Sie die Energie des Kristalls?
4. Gehen Sie an die Energie des Kristalls mit Zeigefinger und Mittelfinger heran. Dann bewegen Sie Ihren Daumen auf Zeigefinger und Mittelfinger zu. Erfühlen Sie die energetische Qualität des Kristalls, der noch nicht gereinigt worden ist.
5. Bewegen Sie die Finger Ihrer linken Hand auf die gleiche Weise.
6. Vergleichen Sie die energetische Qualität des Kristalls, die Sie mit den Fingern Ihrer rechten Hand fühlen mit der Qualität Ihrer eigenen Energie, die Sie mit den Fingern Ihrer linken Hand fühlen.

Gibt es irgendeinen Unterschied zwischen dem, was Sie rechts und links fühlen? Wie fühlt sich schmutzige Energie an?

Wenn Sie sensibel sind, empfinden Sie vielleicht einen Schmerz, ein klebriges oder ein leicht unangenehmes Gefühl an den Fingern der rechten Hand, wenn der Kristall unrein ist.

Reinigungstechniken

Es gibt verschiedene Arten, wie ein Kristall gereinigt werden kann. Um die schmutzige Energie zu entfernen, benutzen Sie Wasser und Salz oder Räucherwerk oder auch beide Verfahren. Um eine psychische Imprägnierung und ein vorhergehendes Programm zu löschen, benutzen Sie hellviolettes Licht über die Kronen-/Handchakra-Technik. Sie können diese Technik auch einsetzen, um schmutzige Energie zu beseitigen.

Wasser und Salz

Was ist zu tun, wenn ein Ort eine negative Ausstrahlung hat? Wenn Sie katholisch sind, so bitten Sie vielleicht einen Priester, ihn zu segnen. Was nimmt der Priester zum Segnen? Heiliges Wasser. Woraus besteht heiliges Wasser? Aus Wasser, Salz und Gebeten oder »heiliger Energie«.

Wasser und Salz können auch benutzt werden, um einen Kristall zu reinigen. Das kann auf zweifache Weise geschehen:

1. Tauchen Sie den Kristall für etwa 30 Minuten oder länger in eine Lösung aus Wasser und Salz. Wieviel Wasser? Etwa einen Liter. Und wieviel Salz? Etwa eine Handvoll. Um den Reinigungsprozeß zu vereinfachen, geben Sie dem Kristall verbal oder geistig die Anweisung, die schmutzige Energie auszustoßen, während er in die Salzlösung eingetaucht wird.
2. Reiben Sie den Kristall mit den Händen in der Salzlösung etwa zwei bis drei Minuten lang. Während Sie den Kristall mit den Fingern reiben, tun Sie das in der Absicht, die unreine Energie zu entfernen. Sie können den Kristall verbal oder mental anweisen, die schmutzige Energie auszustoßen. Diese Methode geht schneller als Methode Nummer eins.

Sie waschen den Kristall mit Wasser und Salz, um die schmutzige Energie zu entfernen. Wasser hat die Fähigkeit, schmutzige Energie zu absorbieren, während Salz die Eigenschaft besitzt, diese zu zerstören oder aufzulösen.

Vier Grundtechniken

Abb. 2.2 Wasser und Salz

Wir schlagen folgendes Experiment vor:

1. Nehmen Sie einen Kristall, der noch nicht gereinigt worden ist.
2. Sensibilisieren Sie Ihre Hände und Finger.
3. Scannen Sie den Kristall. Versuchen Sie, die Qualität und das Niveau der Kristallenergie zu erfühlen.
4. Waschen Sie den Kristall mit den Händen etwa 3 Minuten lang in der Salzlösung.
5. Trocknen Sie den Kristall.
6. Scannen Sie den Kristall erneut. Fühlen Sie Qualität und Niveau des gereinigten Kristalls.

Das Reinigen des Kristalls entfernt nicht nur die schmutzige Energie, sondern erhöht auch sein Pranaenergieniveau.

Falls Sie kein Wasser und Salz zum Reinigen des Kristalls zur Hand haben, gießen oder sprühen Sie Ethyl- oder Methylalkohol auf den Kristall, und reiben Sie ihn mit den Händen, um den Reinigungsprozeß zu erleichtern. Reinigen mit Wasser und Salz ist jedoch effektiver als das Reinigen mit Alkohol.

Handelt es sich um einen Kristall von hoher Qualität oder um einen Edelstein, so verwenden Sie nicht Wasser und Salz, da das Salz den Kristall oder Edelstein beschädigen könnte. Es reicht aus, wenn Sie mit kaltem Wasser, mit Alkohol oder beidem reinigen.

Ein Kristall, der bei der Behandlung schwerer Krankheiten benutzt worden ist, wird länger brauchen, um rein zu werden, da die Energie außerordentlich schmutzig ist. Um den Reinigungsprozeß zu beschleunigen, weisen Sie den Kristall an, die schmutzige Energie auszustoßen.

Räucherwerk

Wir können auch Räucherwerk benutzen, um einen Kristall zu reinigen. Wenn wir Räucherwerk anzünden, so setzt es bestimmte Energiearten frei. Hellsichtige sehen die Energie als Lichtpunkte, die gewisse Farben haben. Zu diesen Farben gehören entsprechende Eigenschaften.

Es gibt viele Arten von Räucherwerk. Duftmischungen für die Liebe, für Geld, um einen Exorzismus vorzunehmen und für viele andere Zwecke. Eine Möglichkeit, einen Kristall oder einen bestimmten Ort zu reinigen, der ätherisch verschmutzt ist, liegt in der Anwendung von speziellem Räucherwerk. Sandelholz produziert, wenn es angezündet wird, eine grüne Farbe, die eine reinigende Wirkung hat. Auch das Räucherwerk, das einige Kirchen bei Exorzismen benutzen, hat einen reinigenden Effekt.

Wenn wir Räucherwerk anzünden, um einen Ort oder einen Kristall zu reinigen, können wir die Wirkung verstärken, indem wir unser Vorgehen mit der ausdrücklichen Absicht, reinigen zu wollen, begleiten oder mit einem Gebet bzw. einer Reinigungsformel. Drücken Sie den Willen aus, verbal oder still für sich: »Lasse diesen Kristall (oder Ort) vollständig gereinigt sein.« Der Reinigungsprozeß verwirklicht sich auf diese Weise schneller, weil die Lichtpunkte, die das Räucherwerk hervorbringt, kleine Lichtwesen sind, die Bewußtsein besitzen und somit bereitwillig Ihren Anweisungen folgen werden.

Vier Grundtechniken

Abb. 2.3 Ein Kristall wird mit Räucherwerk gereinigt

Wie ein Kristall mit Hilfe von Räucherwerk gereinigt wird

1. Nehmen Sie einen Kristall zur Hand, der noch nicht gereinigt oder behandelt wurde.
2. Sensibilisieren Sie mehrere Minuten lang Ihre Hände und Finger.
3. Scannen Sie Ihren Kristall. Fühlen Sie die Qualität der Kristallenergie.
4. Zünden Sie Sandelholz-Räucherwerk an.
5. Lassen Sie den Kristall einige Minuten lang von dem entstehenden Rauch einhüllen. Sprechen Sie im Geiste: »Ich

bitte euch, ihr Lichtwesen, reinigt diesen Kristall von aller schmutzigen Energie. Vielen Dank für eure Hilfe.«
6. Scannen Sie den Kristall erneut. Fühlen Sie die Qualität der Kristallenergie. Fühlt er sich sauberer und leichter an? Ist das Energieniveau höher?

Bitte beachten Sie:
Wenn Sie Schwierigkeiten mit dem Sensibilisieren und Scannen haben, können Sie diese Schritte weglassen.

Elektrisch-violettes Licht

Zu welchem Zweck waschen wir den Kristall mit Wasser und Salz? Es soll die schmutzige Energie entfernt werden. Wird das Waschen in Salzlösung auch die vorherigen psychischen Eindrücke auflösen? Teilweise ja, vielleicht auch nicht. Was gilt hinsichtlich der bestehenden Programmierungen? Die Programme können zum Teil aufgelöst werden, vielleicht aber auch nicht.

Um die im Kristall gespeicherten psychischen Eindrücke und Programme vollständig zu entfernen, benutzen Sie elektrisch-violettes Licht mit Hilfe der Kronen-/Handchakra-Technik.

Wie ein Kristall mit elektrisch-violettem Licht gereinigt wird

1. Nehmen Sie einen Kristall zur Hand, der noch nicht gereinigt oder behandelt wurde.
2. Sensibilisieren Sie mehrere Minuten lang Ihre Hände und Finger.
3. Scannen Sie Ihren Kristall. Fühlen Sie die Qualität der Kristallenergie.
4. Verbinden Sie Zunge und Gaumen.

Abb. 2.4 Ein Kristall wird mit elektrisch-violettem Licht gereinigt (Kronen-/Handchakra-Technik)

5. Konzentrieren Sie sich auf Ihr Kronenchakra.
6. Wenden Sie etwa zehnmal Sweeping mit elektrisch-violettem Licht oder leuchtend weißem Licht auf den Kristall an, in der Absicht, alle vorherigen psychischen Eindrücke und alle vorherigen Programme zu entfernen.
7. Scannen Sie den Kristall erneut. Fühlen Sie die Qualität der Kristallenergie.

Wie ein Kristall mit Hilfe eines Gebets gereinigt wird

Sie können einen Kristall auch reinigen, indem Sie ein Gebet zu Hilfe nehmen.

1. Nehmen Sie einen Kristall, der noch nicht gereinigt oder behandelt wurde.
2. Sensibilisieren Sie mehrere Minuten lang Ihre Hände und Finger.
3. Scannen Sie Ihren Kristall. Fühlen Sie die Qualität der Kristallenergie.
4. Konzentrieren Sie sich auf Ihr Kronen- und Handchakra.
5. Verbinden Sie Zunge und Gaumen.
6. Schauen Sie den Kristall an und beten Sie: *»Höchstes himmlisches Wesen, ihr spirituellen Führer und heiligen Engel, danke für das Reinigen dieses Kristalls von schmutziger Energie, von vorherigen psychischen Eindrücken und Programmen. In vollem Vertrauen. So sei es!«* Wiederholen Sie dieses Gebet dreimal.
7. Führen Sie gleichzeitig etwa zehnmal Sweeping bei dem Kristall durch.
8. Sie können visualisieren, wie elektrisch-violettes Licht oder strahlend weißes Licht in den Kristall eintritt. Dieser Schritt steht Ihnen frei.
9. Scannen Sie den Kristall. Vergleichen Sie die Energie des Kristalls mit der Ihrer Hand. Ist sie sauberer und leichter?

Bitte beachten Sie:
Wenn Sie Schwierigkeiten mit dem Sensibilisieren und Scannen haben, können Sie diese Schritte weglassen.

Beim Reinigen eines Kristalls ist Räucherwerk nicht unbedingt notwendig. Der Gebrauch von Wasser und Salz und von elektrisch-violettem Licht ist allerdings erforderlich. Ein Gebet ist außerdem besonders hilfreich.

Aufladen eines Kristalls

Die Technik, wie Pranaenergie in den Kristall übertragen werden kann, wird in Kapitel 6 besprochen.

Programmieren oder Anweisungen eingeben

Es gibt drei Methoden, um einen Kristall zu programmieren oder Anweisungen einzugeben:

1. Verbal – indem Sie die Anweisungen aussprechen.
2. Mental – indem Sie dem Kristall die Anweisungen still oder im Geiste geben.
3. Mittels geistiger Absicht – indem Sie einfach die Absicht haben, ohne verbal oder mental formulierte Worte zu benutzen.

Stabilisieren der Pranaenergie

Um die Verflüchtigung der vom Kristall aufgenommenen Pranaenergie möglichst niedrig zu halten, »malen Sie die Aura des Kristalls an« mit hellem weißlichen Blau oder mit Hellblau. Das geschieht, indem Sie einfach visualisieren, daß ein heller weißlich-blauer Schutzfilm den Kristall umgibt, oder indem Sie einfach den Kristall rundherum mit den Händen »anmalen« und sich gleichzeitig vorstellen oder die Absicht haben, daß er mit hellem weißlichem Blau oder mit Hellblau bedeckt ist. Das nennt man Stabilisieren. Das ist notwendig, um die Kraft des Kristalls zu erhalten.

Kapitel 3

Wie Sie Ihre Heilkraft mit Kristallen verstärken können

Eines der Probleme beim Pranaheilen ist, daß der Heiler manchmal dazu neigt, sich auf die projizierende Hand zu konzentrieren und nicht genug auf die empfangende Hand. Das Ergebnis ist, daß der Heiler unter einem Pranamangel leiden kann. Ein weiteres Problem ergibt sich daraus, daß ein Patient mit einem vielleicht sehr großen Pranamangel die Pranaenergie sehr viel schneller aufsaugt, als der Heiler sie aufnimmt. Der Heiler könnte unter starkem Pranamangel leiden und erhebliche Zeit brauchen, um sich zu erholen. Wie können Sie diese möglichen Probleme vermeiden?

So verstärken Sie ihre Heilkraft

Auf der Basis der folgenden Prinzipien kann ein Kristall benutzt werden, um die Heilkraft eines Menschen umgehend zu verstärken:

1. *Ein Kristall aktiviert die Chakras* – das empfangende Handchakra und die übrigen Chakras des Körpers.
   Wenn Sie einen großen, klaren Quarzkristall von etwa 200 g auf das empfangende Handchakra legen, können Sie Ihre Heilkraft sofort um rund 100 Prozent verstärken.
   Das empfangende Handchakra wird stark aktiviert und viel größer sein, als das der projizierenden Hand. Dadurch wird das Problem des Pranamangels beim Heiler

Heilkraft mit Kristallen verstärken 31

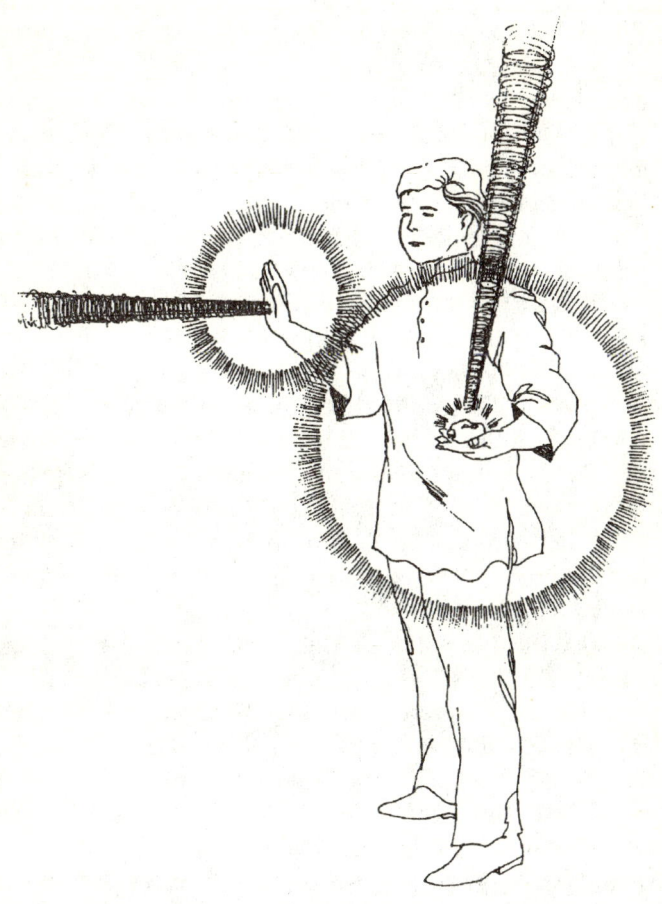

Abb. 3.1 Ein auf die empfangende Hand gelegter Kristall verstärkt Ihre Heilkraft

offensichtlich gelöst, das dadurch entstanden war, daß er sich zu sehr auf die gebende und nicht genug auf die empfangende Hand konzentriert hatte.

Wenn Sie einen großen Kristall auf die empfangende Hand legen, bewirken Sie außerdem, daß alle übrigen

Chakras aktiviert und die unteren Chakras etwa doppelt so groß werden. Dadurch verstärkt sich die Fähigkeit des Heilers, viel Pranaenergie aufzunehmen und abzugeben. Der Heiler wird eine größere Menge Pranaenergie aufnehmen, als der Patient einzieht. Dies ist natürlich die Lösung des möglichen Problems, daß der Heiler einen Pranamangel erleiden könnte, wenn er einen sehr schwachen Patienten behandelt.

2. *Ein Kristall erhöht die Intensität oder Dichte der Pranaenergie, die durch die Chakras und den Energiekörper aufgenommen und wieder abgegeben wird.*

Je größer ein Kristall ist, desto stärker aktiviert er die Chakras und desto größer ist die Intensität oder Dichte der Pranaenergie, die aufgenommen und abgegeben wird. Wenn z. B. die Durchschnittsgröße eines Chakras etwa sieben bis acht Zentimeter beträgt, so kann der durchschnittliche Chakra-Umfang verdoppelt werden, indem ein Quarzkristall auf die empfangende Hand gelegt wird. Liegt das Gewicht eines Kristalls allerdings zwischen 100 bis 200 g, so pendelt sich die Chakra-Aktivierung ein. Bei 400 g wird der Grad der zusätzlichen Aktivierung minimal, aber zum einen erhöht sich die Dichte des Energiekörpers zusätzlich und zum anderen wird die Dichte oder Intensität der aufgenommenen und abgegebenen Pranaenergie ebenfalls stärker.

Also ist der Aktivierungsumfang bei einem 200 g und einem 400 g schweren Kristall nahezu der gleiche. Die Wirkung eines 400 g schweren Kristalls äußert sich allerdings nicht nur in der Dichte oder Intensität der Pranaenergie, die von den Chakras aufgenommen und abgegeben wird, sondern auch im Energiekörper.

Normalerweise reicht ein etwa 100 bis 200 g schwerer Kristall aus, um die Heilkraft wesentlich zu erhöhen. Ein Kristall von 400 g ist zwar von Vorteil, er kann allerdings etwas schwer werden, da der Heiler den Kristall eventuell mehrere Stunden auf seiner Hand halten muß.

Macht dem Heiler das Gewicht des Kristalls nichts aus, dann ist es völlig in Ordnung, einen Kristall von 400 oder 500 g zu benutzen.

Wir schlagen folgende Experimente vor:

1. Scannen Sie Umfang und Durchmesser Ihres Handchakras. Fühlen Sie die Energie Ihrer Handfläche.
2. Legen Sie einen sauberen, klaren Quarzkristall auf die empfangende Hand.
3. Scannen Sie Umfang und Durchmesser Ihres Handchakras erneut. Stellen Sie fest, daß es stärker geworden ist und einen größeren Durchmesser hat.

Wie erhöhen Sie unmittelbar Ihre Heilkraft?

1. Nehmen Sie einen großen, klaren Quarzkristall von ungefähr 200 g Gewicht.
2. Reinigen Sie den Kristall gründlich. Das ist sehr wichtig, um zu vermeiden, daß die Symptome eines Patienten auf Sie oder Ihren nächsten Patienten übertragen werden, und um die aktivierende Wirkung zu verstärken.
3. Legen Sie den Kristall auf die empfangende Hand, so daß das spitze Ende auf Sie zeigt. Warum sollte die Spitze des Kristalls auf Sie zeigen? Weil die Richtung, in welche die Pranaenergie fließt, durch die Richtung, in die das spitze Ende des Kristalls zeigt, beeinflußt wird. Wenn Sie möchten, daß die Pranaenergie zu Ihnen hin fließt und nicht von Ihnen fort, muß daher die Kristallspitze auf Sie zeigen.
4. Rollen Sie Ihre Zungenspitze etwas ein und lassen Sie sie Ihren Gaumen berühren. Ein Kristall neigt dazu, die unteren Chakras überzuaktivieren. Indem Sie Zunge und Gaumen verbinden, wird diese Wirkung wesentlich vermindert, so daß die unteren Chakras nur wenig größer werden als die oberen.

5. Mit einem sauberen, klaren Quarzkristall auf der empfangenden Hand benutzen Sie die projizierende Hand zum allgemeinen Sweeping, zum örtlichen Sweeping und zum Energetisieren. Das wird Ihre Heilkraft mindestens verdoppeln und den für die Behandlung eines Patienten benötigten Zeitaufwand verringern.

Nach dem Heilen achten Sie darauf, Ihre projizierende Hand und den Arm gründlich zu waschen, um die kranke Energie zu entfernen und um sich selbst vor Ansteckung zu schützen. Auch die empfangende Hand und den Arm sollten Sie waschen, um die überschüssige Pranaenergie zu entfernen.

Bitte beachten Sie:
Alle Regeln und Richtlinien der Grund- und Mittelstufe des Pranaheilens sowie des fortgeschrittenen Kurses müssen auch beim Pranaheilen mit Kristallen befolgt werden. Das ist sehr wichtig.

Fünf Dinge, die Sie beim Pranaheilen vermeiden sollten

Wir möchten Ihnen hier einige wichtige Punkte aus den *Grundlagen des Pranaheilens* von Choa Kok Sui in Erinnerung bringen. Diese können zugleich noch unerfahrenen Lesern sowie Heilern anderer Disziplinen als Richtlinien dienen.

1. Bei Säuglingen, Kleinkindern unter zwei Jahren und sehr schwachen und alten Patienten dürfen Sie Prana nicht zu intensiv und in zu großer Menge übertragen. Bei kleinen Kindern sind die Chakras noch klein und nicht sehr kräftig. Bei sehr schwachen und alten Patienten sind auch die Chakras geschwächt. Zu viel Prana oder eine

zu intensive Energetisierung würde einen Schock auf die Chakras ausüben. Die Reaktion ist ähnlich wie die eines von großem Durst geplagten Menschen, der viel zu schnell zu viel Wasser trinkt. Säuglinge und Kinder sollten sehr vorsichtig, schrittweise und nur für kurze Zeit energetisiert werden. Da ihre Chakras ganz klein sind, können diese leicht überenergetisiert und verstopft werden. Sehr schwache und alte Patienten können die Pranaenergie nur sehr langsam aufnehmen. Daher sollten solche Patienten sehr vorsichtig, schrittweise und langsam energetisiert werden, da ihre Körper ganz erschöpft sind. Sie sollten die Möglichkeit haben, etwa fünfzehn bis zwanzig Minuten zu ruhen, um die Pranaenergie zu assimilieren, bevor sie erneut energetisiert werden.

Wird dem Solarplexuschakra plötzlich ein Übermaß an Energie zugeführt und in diesem Chakra ein Schockeffekt ausgelöst, kann der Patient plötzlich blaß werden und Atemschwierigkeiten bekommen. Falls das geschieht, so wenden Sie sofort örtliches Sweeping im Bereich des Solarplexuschakras an. Die Beschwerden des Patienten werden sofort verschwinden. Eine solche Reaktion ist selten und wird hier nur genannt, um aufzuzeigen, was in derartigen Fällen zu tun ist.

2. Nehmen Sie nie eine direkte Energetisierung der Augen vor. Da die Augen sehr empfindlich sind, kommt es dort leicht zu einer Pranastauung, wenn sie direkt energetisiert werden, und auf lange Sicht können Schäden eintreten. Die Augen können durch den Hinterkopf (das Hinterkopfchakra) energetisiert werden, durch den Bereich zwischen den Augenbrauen (das Ajnachakra) und über die Schläfen (Schläfenchakra). Wenn die Augen genug Energie erhalten haben, fließt das überschüssige Prana einfach in andere Körperteile.

3. Nehmen Sie nie über längere Zeit eine direkte und intensive Energetisierung des Herzens vor. Das Herz ist ganz zart und empfindlich. Ein Zuviel an Prana und eine zu

intensive Energetisierung können zu einer schweren Pranastauung in der Herzgegend führen. Das Herz muß über die Rückseite der Wirbelsäule nahe am Herzbereich energetisiert werden. Wird das Herz auf diese Weise energetisiert, so fließt Pranaenergie nicht nur zum Herzen, sondern auch zu anderen Teilen des Körpers. Das vermindert die Möglichkeit einer Pranastauung. Wird das Herz von der Vorderseite her energetisiert, bleibt der Pranafluß auf den Herzbereich beschränkt, wodurch sich die Möglichkeit einer Pranastauung erhöht.
4. Nehmen Sie keine Energetisierung des Meng-Mein-Chakras vor bei Säuglingen, Kleinkindern und alten Leuten. Dadurch könnte das Meng-Mein-Chakra aktiviert werden und bei diesen Patientengruppen Bluthochdruck hervorrufen und dadurch das Gehirn angreifen. Auch bei schwangeren Frauen darf dieses Chakra nicht behandelt werden, da ein solches Vorgehen negative Auswirkungen auf das ungeborene Kind haben könnte. Dieses Chakra sollten nur fortgeschrittene oder erfahrene Heiler energetisieren.
5. Energetisieren Sie nie das Milzchakra bei Säuglingen oder Kindern, weil diese aufgrund einer Pranastauung ohnmächtig werden könnten. Sollte das geschehen, so wenden Sie mehrmals allgemeines Sweeping an, um die überschüssige Pranaenergie zu entfernen. Das Milzchakra darf ebenfalls nicht energetisiert werden bei Bluthochdruckpatienten oder Patienten mit einer Bluthochdruck-Krankenvorgeschichte, weil der Zustand der Patienten sich verschlechtern könnte. Dieses Chakra wird aber gewöhnlich bei sehr schwachen Patienten behandelt oder, wenn schwere Infektionen vorliegen. Es ist aber wichtig, daß das Milzchakra nur von fortgeschrittenen oder erfahrenen Heilern energetisiert werden darf.

Pranaheilen ist ganz sicher, solange Sie die vorgegebenen Richtlinien und Anweisungen genau befolgen.

Was die Kraft eines Kristalls bestimmt

Verschiedene Kristalle unterscheiden sich hinsichtlich ihrer Kraft. Je klarer desto stärker. Ein klarer Quarzkristall (z. B. ein Bergkristall) ist kraftvoller als ein milchiger oder rauchiger Quarzkristall. Ein Rosenquarz ist nicht transparent und weniger stark als ein klarer Kristall, aber da er rosa ist, wird seine Pranaenergie leicht vom Patienten aufgenommen. Das beschleunigt den Heilungsprozeß.

Neben der Klarheit eines Kristalls bestimmen seine Größe und die Tatsache, ob er aufgeladen bzw. geweiht wurde, das Ausmaß seiner Kraft. Ein größerer Kristall wirkt stärker als ein kleiner. Ein kleiner Kristall kann jedoch extrem stark sein, wenn er ordnungsgemäß aufgeladen bzw. geweiht worden ist.

Ringe mit Kristallen aktivieren Chakras

Ist es möglich, die aktivierende Wirkung eines klaren Quarzkristalls weiter zu erhöhen? Mit anderen Worten, ist es möglich, die Kraft des Kristalls zu verstärken? Die Antwort lautet ja. Das geschieht dadurch, daß der Kristall vollständig gereinigt und geweiht wird. Wie ein Kristall geweiht wird, erfahren Sie in Kapitel 6.

Wenn es unpraktisch für Sie ist, einen großen, klaren Quarzkristall mitzubringen oder es Sie ermüdet, ihn immer auf Ihrer empfangenden Hand zu halten, wäre es dann möglich, ihn durch einen Ring mit einem Kristall zu ersetzen? Die Antwort lautet ja.

1. Das geschieht dadurch, daß Sie den Kristall eingehend und vollständig reinigen. Ein reiner Kristall hat einen größeren Aktivierungseffekt als ein energetisch verschmutzter.

2. Der für einen Ring benutzte Kristall muß von sehr guter Qualität sein. Ein klarer Quarzkristall von 2,5 g oder weniger in Edelsteinqualität oder sogar kleine Halbedelsteine sehr guter Qualität haben einen etwa gleichstarken Aktivierungseffekt wie ein 100 g schwerer einfacher klarer Quarzkristall.

Es ist wichtig, den Kristallring auf dem richtigen Finger zu tragen. Welchen Finger sollten Sie nehmen? Den Ringfinger. Aus welchem Grunde? Jeder Finger entspricht einem oder mehreren Chakras. Wenn Sie ihn auf den anderen Fingern tragen, könnten gewisse Chakras überstimuliert und die ihnen entsprechenden empfindlichen Organe unter Umständen beeinträchtigt werden. Die Energie könnte zum Herzchakra oder Kronenchakra fließen oder zu einigen anderen Chakras, die gewisse empfindliche Organe des Körpers kontrollieren und energetisieren. Dadurch könnten unnötige gesundheitliche Probleme entstehen. Wenn Sie einen Kristall auf dem Ringfinger tragen, so fließt die Energie einfach vom Hand- zum Halschakra mit einem ganz geringen oder überhaupt keinem negativen Effekt, es sei denn, es handelt sich um Patienten mit einer Überfunktion der Schilddrüse.

Welche Kristalle kommen in Frage? Sie können einen klaren Quarz benutzen, einen Amethyst, Rosenquarz, grünen Turmalin und andere.

Mit einem klaren Quarz können Sie weiße Pranaenergie oder farbiges Prana aussenden. Wenn Sie Rosenquarz verwenden, so ist die Pranaenergie rosa. Rosenquarz ist gut geeignet für die Behandlung von psychischen Störungen oder körperlichen Erkrankungen, die einen psychischen Ursprung haben. Diese Pranaenergie wird auch leicht vom Patienten aufgenommen. Ein Amethyst dagegen strahlt violettes oder elektrisch-violettes Licht aus.

Grüner Turmalin und Smaragd sind gut, weil sie grüne Pranaenergie abgeben, die eine reinigende Wirkung hat.

Heilkraft mit Kristallen verstärken

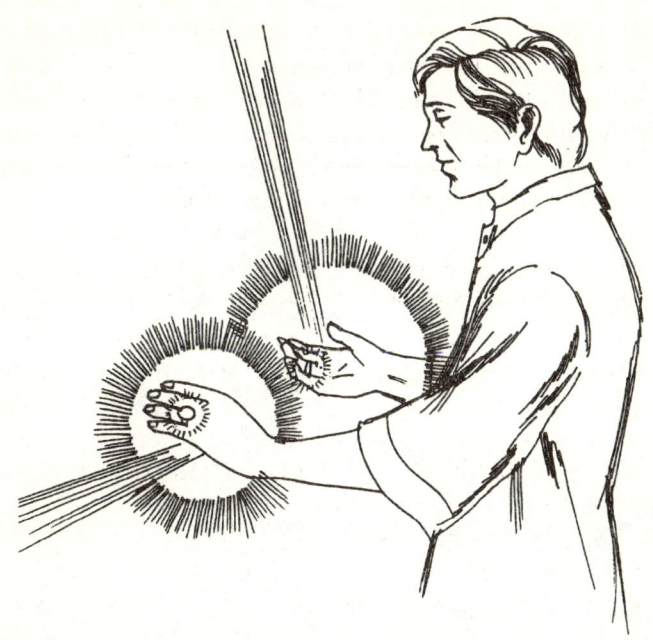

Abb. 3.2 Zwei Ringe mit Kristallen verstärken Ihre Heilkraft

Grüner Turmalin ist besser als Smaragd, weil er zum einen billiger ist und zum anderen die projizierte grüne Pranaenergie dunkler ist als die des Smaragds. Die mit einem Smaragd projizierte grüne Pranaenergie ist zu hell. Ein Diamant kann, obwohl er elektrisch-violettes Licht produziert, zu stark sein. Wenn der Heiler unerfahren ist und es nicht versteht, die projizierte Energie sanfter zu machen, könnte der Heilungsprozeß verlangsamt werden. Bei Granat ist die projizierte Energie dunkelrot. Sie ist im allgemeinen nicht zum Heilen geeignet, außer wenn es dem Heiler gelingt, bewußt die projizierte dunkelrote Pranaenergie mit einer Menge weißen Pranas zu verdünnen.

Wenn Sie stärkere Kräfte haben möchten, können Sie zwei Ringe mit ähnlichen Kristallen tragen. Ihre empfangende Hand sollte aber einen Ring mit einem größeren Kristall tragen, so daß die Pranaenergie stärker aufgenommen als abgegeben wird. Auf diese Weise besteht für Sie weniger die Gefahr eines Pranamangels. Sehr wichtig ist, daß der Kristallring ordnungsgemäß geweiht wird, damit seine Kraft verstärkt wird. Genaue Anweisungen können Sie in Kapitel 6 nachlesen.

Kapitel 4

Wie mit einem Laser-Quarzkristall gereinigt und energetisiert wird

Was ist ein Laserkristall?

Ein Laser-Quarzkristall ist kein wirklicher Laser. Es ist einfach eine Bezeichnung, die man einem langen dünnen Quarzkristall mit einer Spitze gegeben hat. Die Pranaenergie, die aus dem zugespitzten Ende austritt, wird auf einen Punkt gebündelt oder konzentriert, während die ringsum austretende Energiemenge verstreut wird. Es kann vorkommen, daß der Kristall zwei spitze Enden hat.

Ein Laserkristall kann zum Reinigen und Energetisieren benutzt werden. Wird die Spitze zum Reinigen eingesetzt, so ist es, als reinigte man den Boden mit Wasserhochdruck. Die konzentrierte Energie des Laserkristalls macht das Reinigen wirkungsvoller. Ein Laserkristall sollte möglichst etwa 14 Zentimeter lang sein, um eine einfache Handhabung zu gewährleisten und einer Ansteckung des Heilers vorzubeugen.

Wie ein Laserkristall gehalten wird

Es gibt zwei Arten, einen Laser-Quarzkristall zu halten:

1. Halten Sie den Laserkristall zwischen Daumen, Zeige- und Mittelfinger mit dem empfangenden Ende in der Handfläche. Wenn der Kristall so gehalten wird, projiziert er Pranaenergie über das Handchakra und die Fingerchakras.

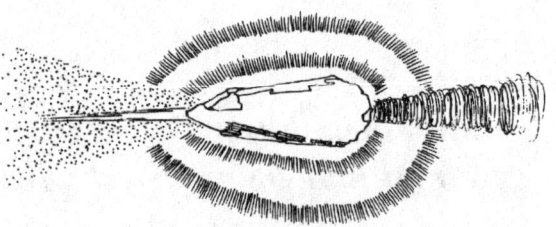

Abb. 4.1 Laserkristall

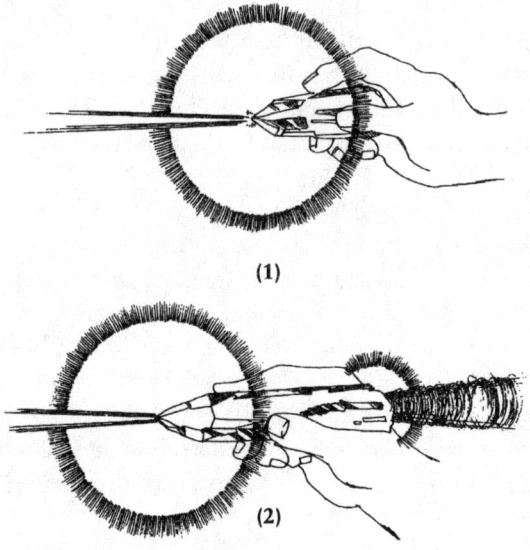

Abb. 4.2 Zwei Arten, einen Laserkristall zu halten

2. Halten Sie den Laserkristall wie unter 1 beschrieben mit Daumen, Zeige- und Mittelfinger, aber so, daß das empfangende Ende außerhalb der Handfläche bleibt. Die projizierte Pranaenergie kommt jetzt hauptsächlich von den Fingerchakras.

Wählen Sie die Methode, die Ihnen am besten zusagt.

Chakra-Aktivator auf der empfangenden Hand und Laserkristall auf der projizierenden Hand

Statt die projizierende Hand für das allgemeine Sweeping, das örtliche Sweeping und das Energetisieren zu benutzen, können Sie einen Laserkristall verwenden. Dadurch wird die Gefahr einer Ansteckung mit der kranken Energie wesentlich verringert.

Wenn Sie einen Patienten behandeln, legen Sie einen chakra-aktivierenden Kristall auf Ihre empfangende Hand* und einen Laserkristall auf die andere Hand. Der Chakraaktivator sollte größer und schwerer sein als der Laserkristall. Diese Methode wird Ihre Heilkraft verstärken. Das Reinigen geht schneller und Sie benötigen weniger Zeit für die Behandlung eines Patienten.

Wenn Sie als Heiler Pranaenergie aussenden, so können Sie weißes Prana übertragen, indem Sie weißes Licht visualisieren oder farbiges Prana durch Visualisierung von Farbprana übertragen. Sie können, wenn Sie weiße Pranaenergie projizieren, weißes Licht visualisieren, müssen es aber nicht.

Der Laserkristall muß nach der Behandlung eines Patienten gründlich gereinigt werden. Dies geschieht, um zu verhindern, daß die Symptome des einen Patienten auf den nächsten übertragen werden. Er kann, wenn erforderlich, auch gereinigt werden, während der Patient behandelt wird.

---

* Wenn ein Kristall mit zwei spitzen Enden benutzt wird, so halten Sie ihn so, daß das eine Ende aus dem Daumen heraus projiziert und das andere Ende aus der Seite der Hand. Hat der Kristall ein zugespitztes Ende, so halten Sie ihn so, daß die Spitze auf den Körper des Patienten zeigt.

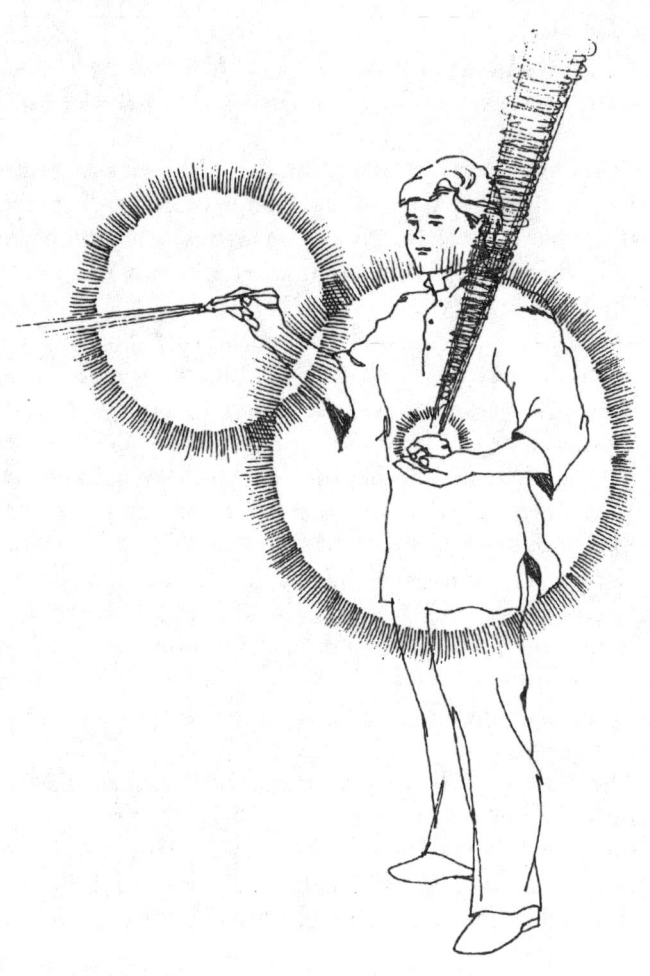

*Abb. 4.3 Wie Sie einen Chakra-Aktivator
auf der empfangenden Hand und einen Laserkristall
auf der projizierenden Hand benutzen*

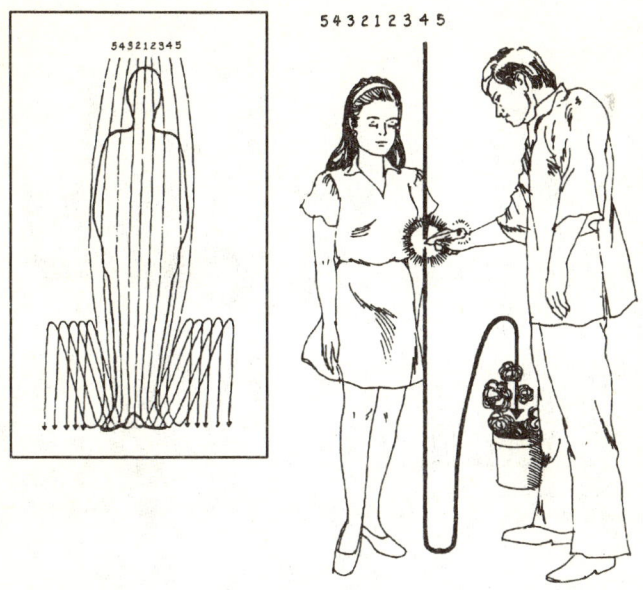

Abb. 4.4 Allgemeines Sweeping mit einem Laserkristall in gerader Abwärtsbewegung

Allgemeines Sweeping mit einem Laserkristall

Das Benutzen eines Laser-Quarzkristalls für das allgemeine Sweeping ähnelt der Art und Weise, wie im Grundkurs des Pranaheilens das allgemeine Sweeping ausgeführt wird.

1. Legen Sie einen großen, klaren Laserkristall auf die empfangende Hand und einen Laserkristall auf die projizierende Hand.
2. Wenden Sie Sweeping mit dem Laserkristall gemäß der ersten Linie an. Bewegen Sie den Kristall gerade nach unten und führen Sie die Bewegungen langsam aus. Haben Sie beim Sweeping die Absicht, die kranke Energie zu entfernen.

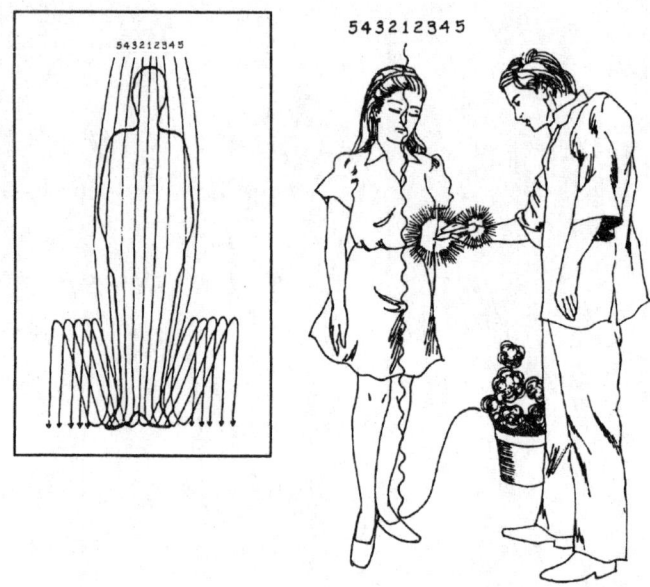

Abb. 4.5 Allgemeines Sweeping mit einem Laserkristall in einer leichten Zickzack-Abwärtsbewegung

Schütteln Sie die kranke Energie in den Abfalleimer oder in das Gefäß mit Wasser und Salz aus.
3. Führen Sie Sweeping mit Ihrem Laserkristall auf den Linien 2 auf der rechten und linken Seite des Körpers aus.
4. Gehen Sie in dieser Weise zu den Linien drei, vier und fünf über.
5. Wenden Sie Sweeping an der Rückseite des Körpers an. Um völlig zu reinigen, wenden Sie allgemeines Sweeping zwei- bis dreimal an.

Statt den Laserkristall gerade nach unten zu bewegen, können Sie ihn in einer leichten Zickzacklinie nach unten ziehen. So ist der Reinigungseffekt größer.

Örtliches Sweeping mit einem Laserkristall

Sie können mit einer der nachstehenden Methoden örtliches Sweeping anwenden:

1. Wenden Sie Sweeping mit dem Laserkristall in einer geraden Abwärtsbewegung bei dem betroffenen Körperteil oder Chakra an. Wiederholen Sie das fünfmal, dann schütteln Sie die kranke Energie aus in einen Abfallbehälter. Wiederholen Sie diesen Prozeß etwa siebenmal oder häufiger.
2. Wenden Sie Sweeping mit dem Laserkristall in einer leichten Zickzack-Abwärtsbewegung bei dem betroffenen Körperteil oder Chakra an. Wiederholen Sie das fünfmal, dann schütteln Sie die kranke Energie aus in einen Abfallbehälter. Wiederholen Sie diesen Prozeß etwa siebenmal oder häufiger.
3. Wenden Sie eine breitflächige Zickzack Bewegung mit Ihrem Laserkristall bei dem betroffenen Körperteil oder Chakra an. Wiederholen Sie das fünfmal, dann schütteln Sie die kranke Energie aus in einen Abfallbehälter. Verfahren Sie in dieser Weise mit der liebevollen Absicht, die kranke Energie zu entfernen. Wiederholen Sie diesen Prozeß etwa siebenmal oder häufiger.
4. Bewegen Sie Ihren Laserkristall einige Sekunden lang im Uhrzeigersinn, um Pranaenergie auf den betroffenen Körperteil oder das Chakra zu projizieren. Dann bewegen Sie den Laserkristall entgegen dem Uhrzeigersinn, um den betroffenen Körperteil oder das Chakra zu reinigen. Verfahren Sie in dieser Weise mit der liebevollen Absicht, die kranke Energie zu entfernen. Schütteln Sie die kranke Energie aus in einen Abfallbehälter. Falls das betroffene Chakra verstopft ist, sollten mehr Bewegungen entgegen dem Uhrzeigersinn erfolgen als im Uhrzeigersinn.

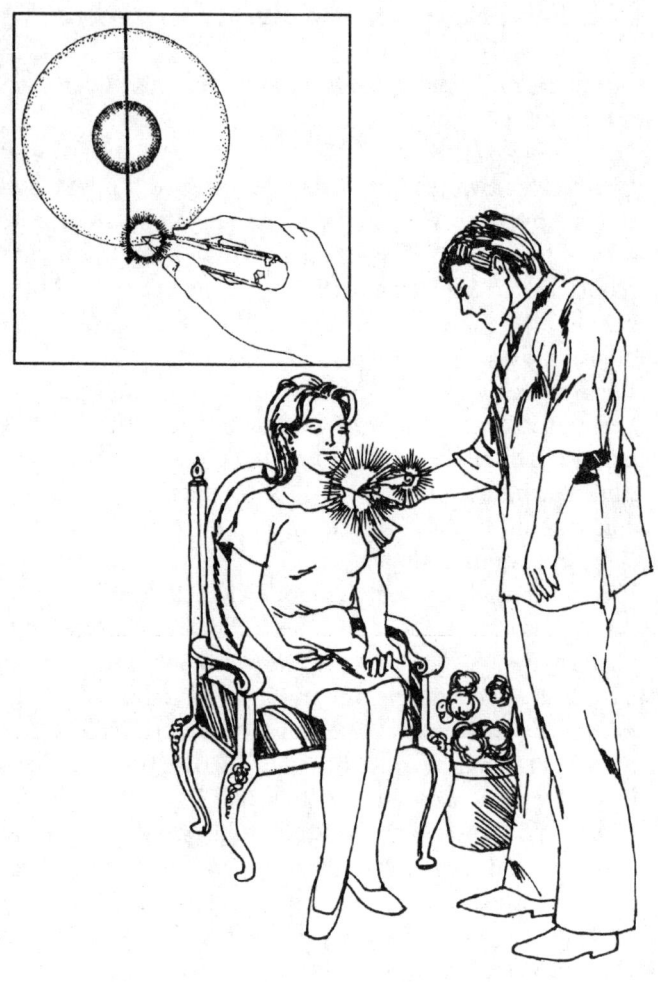

Abb. 4.6 Örtliches Sweeping mit einem Laserkristall in einer geraden Abwärtsbewegung

Mit einem Laser-Quarzkristall reinigen ...

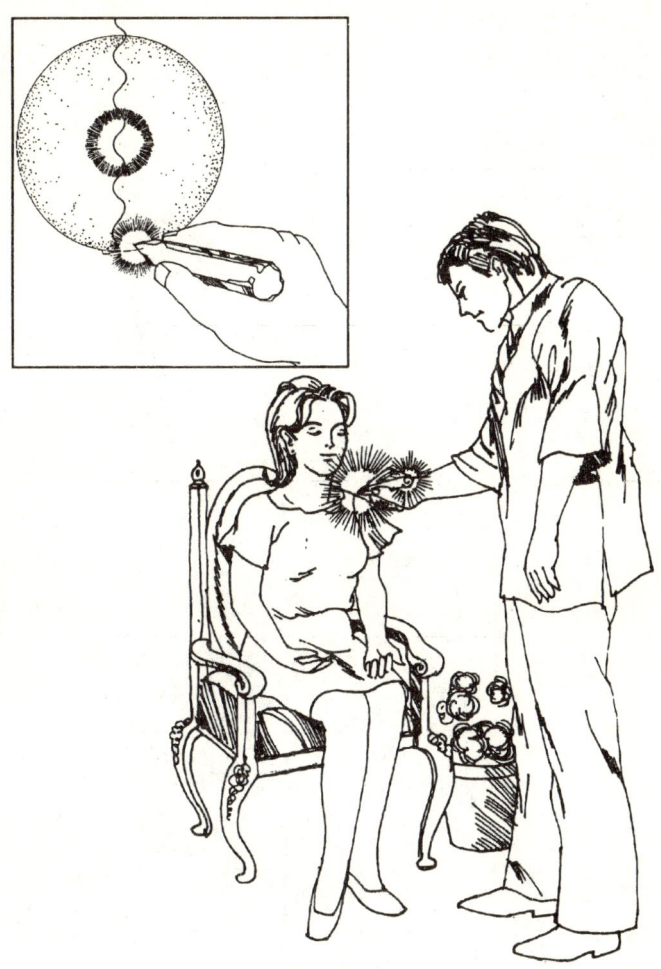

Abb. 4.7 Örtliches Sweeping mit einem Laserkristall in einer leichten Zickzack-Bewegung

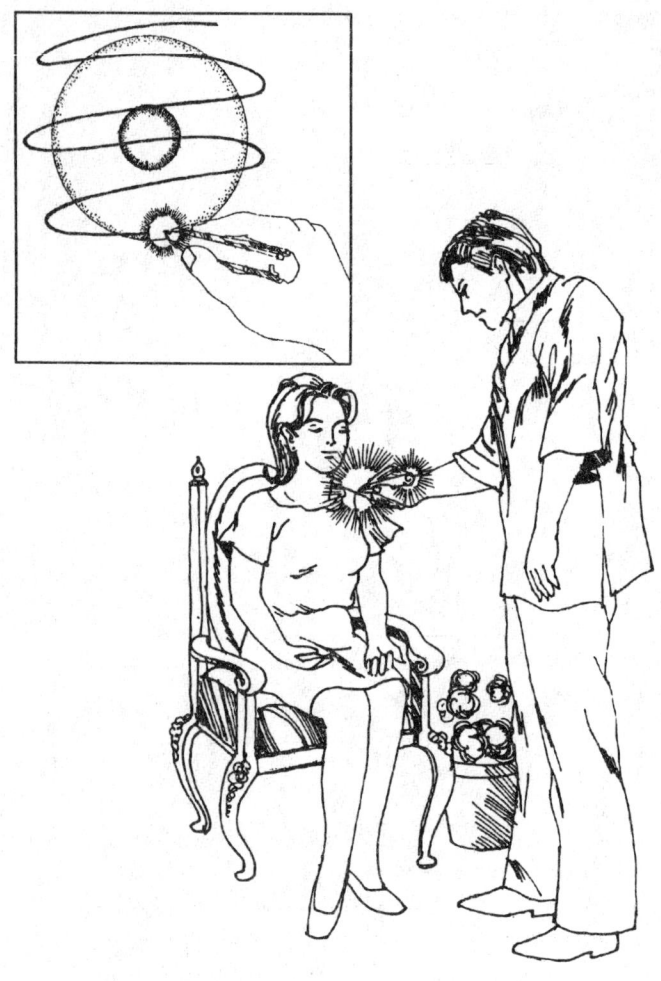

Abb. 4.8 Örtliches Sweeping mit einem Laserkristall in einer breitflächigen Zickzack-Bewegung

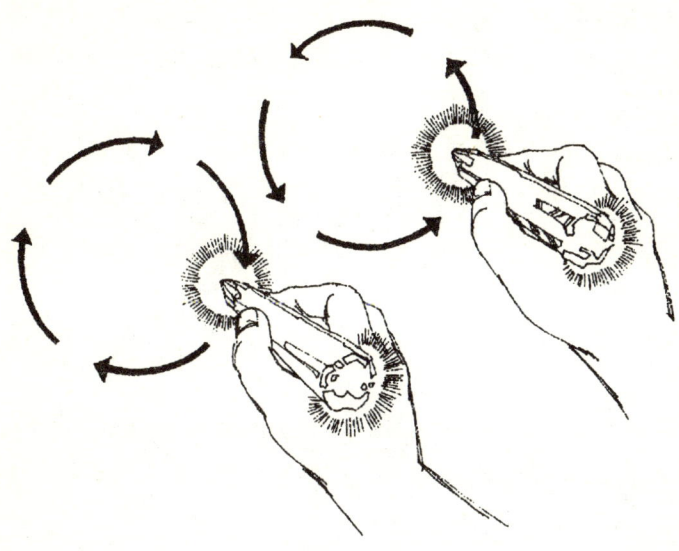

Abb. 4.9 Der Laserkristall wird im Uhrzeigersinn bewegt, um die Projektion der Pranaenergie zu erleichtern (links). Er wird entgegen dem Uhrzeigersinn bewegt, um die Entfernung der kranken Energie zu erleichtern (rechts).

Als grobe Richtlinie gilt, daß das Sweeping zweimal öfter entgegen dem Uhrzeigersinn erfolgen sollte, als im Uhrzeigersinn. Wenn das Chakra einen Energiemangel aufweist, sollte die Bewegung im Uhrzeigersinn in etwa zweimal öfter erfolgen als entgegen dem Uhrzeigersinn.

5. Falls der betroffene Körperteil oder das Chakra sehr verschmutzt ist, lösen Sie die kranke Energie auf, indem Sie sie mit dem Kristall durchlöchern. Das ist die sogenannte »Perforationstechnik«. Sie führen Sie aus, indem Sie die mentale Absicht fassen und die Spitze des Laserkristalls aus einer gewissen Entfernung auf den betrof-

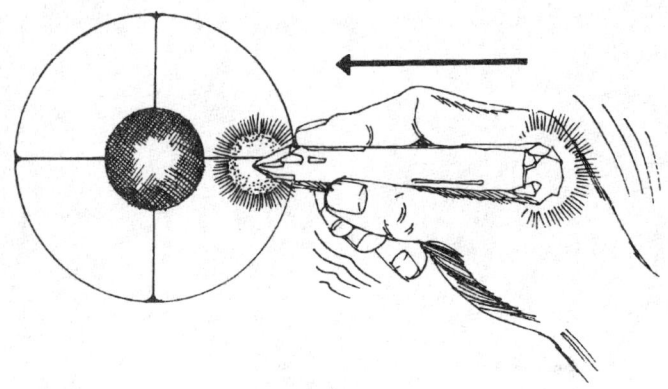

Abb. 4.10 Perforationstechnik zur Entfernung kranker Energie

fenen Körperteil oder das Chakra richten und sie dann in perforierender Bewegung vor und zurückführen. Wiederholen Sie diesen Vorgang mehrmals. Dadurch wird die kranke Energie gelockert oder aufgelöst, und der Reinigungsprozeß wird erleichtert. Wenden Sie anschließend örtliches Sweeping mit dem Laserkristall an, um die kranke Energie zu entfernen. Schütteln Sie die kranke Energie in den Abfallbehälter aus. Reinigen Sie vollständig, indem Sie im Wechsel die kranke Energie auflösen und den betroffenen Körperteil oder das Chakra reinigen. Wiederholen Sie den gesamten Vorgang etwa zwanzigmal oder öfter.

Bitte beachten Sie:
Vermeiden Sie es, bei der Perforationstechnik Ihren Willen zu stark einzusetzen, weil das behandelte Organ oder Chakra auf diese Weise tatsächlich verletzt werden könnte. Ein wenig Wille reicht aus. Das ist sehr wichtig, bitte erinnern Sie sich daran.

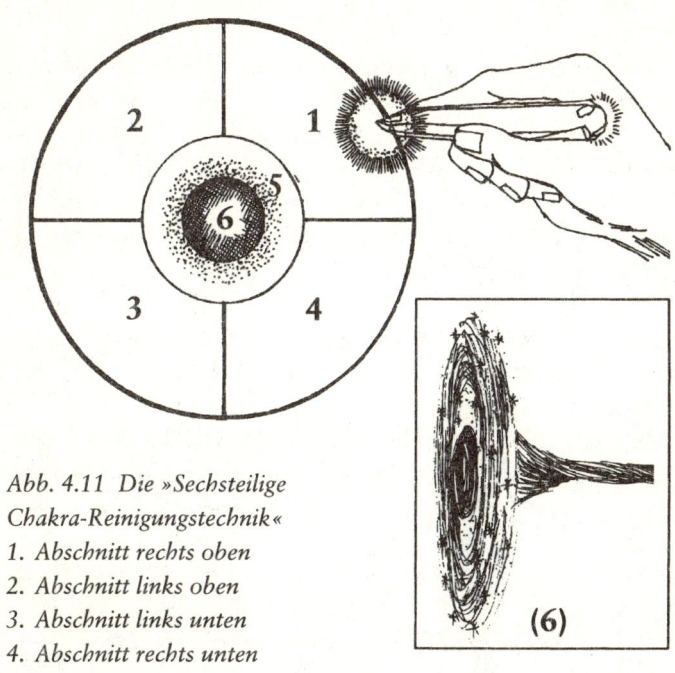

Abb. 4.11 Die »Sechsteilige Chakra-Reinigungstechnik«
1. Abschnitt rechts oben
2. Abschnitt links oben
3. Abschnitt links unten
4. Abschnitt rechts unten
5. Abschnitt Zentrum
6. Stiel und Wurzel des Chakras

Wie ein verschmutztes Chakra gründlich gereinigt wird

Um ein sehr verschmutztes Chakra gründlich zu reinigen, »zerlegen« Sie es in sechs Teile. Was bedeutet diese Aufteilung in sechs Bereiche? Das Chakra ist an der Oberfläche mehr oder weniger rund. Stellen Sie sich vor, es in fünf Bereiche zu zerlegen – den Abschnitt rechts oben, den Abschnitt links oben, den Abschnitt links unten, den Abschnitt rechts unten und das Zentrum. Der sechste Abschnitt ist der innere Bereich, der aus Stiel und Wurzel des Chakras besteht.

Entfernen Sie im rechten oberen Bereich die kranke Energie und wenden Sie fünfmal örtliches Sweeping an. Schütteln Sie die kranke Energie in den Abfallbehälter aus. Wiederholen Sie das gleiche Vorgehen nacheinander in den Bereichen links oben, links unten, rechts unten und im Zentrum. Wiederholen Sie den gesamten Vorgang etwa siebenmal oder mehr. Wenden Sie anschließend den gesamten Vorgang auf den inneren Bereich an – den Stiel und die Wurzel des Chakras. Wiederholen Sie auch diesen Vorgang etwa siebenmal oder mehr. Diese Technik ist die sogenannte »Sechsteilige Chakra-Reinigungstechnik«.

Bei schweren Krankheiten sind einige Chakras außerordentlich verschmutzt. Sie können eine schnelle Heilung erreichen, indem Sie sie gründlich reinigen. Das ist sehr wichtig.

Wie mit Hilfe eines Laserkristalls energetisiert wird

1. Legen Sie einen großen, klaren Quarzkristall auf die empfangende Hand und einen Laserkristall auf die übertragende Hand.
2. Richten Sie die Spitze des Laserkristalls auf den betroffenen Körperteil oder das Chakra, das Sie energetisieren möchten.
3. Schütteln Sie die kranke Energie regelmäßig vom Laserkristall in den Abfallbehälter.
4. Wie wissen Sie, wann der betroffene Körperteil oder das Chakra ausreichend energetisiert worden sind? Wenn Sie mit der Hand energetisieren, ist es einfach, einen leichten Rückstoß oder das Aufhören des Pranaenergieflusses zu fühlen. Falls Sie mit einem Laserkristall energetisieren, können Sie nach dem Gefühl gehen. Sie müssen daher

Ihre Aufmerksamkeit verstärken, um Ihre Sensibilität zu erhöhen oder aber regelmäßig mit der Hand scannen, um festzustellen, ob genug energetisiert worden ist.

Wie die projizierte Pranaenergie stabilisiert wird

Diese Anweisung wird für Leser wiederholt, die keine Erfahrung mit Pranaheilen haben.
Die übertragene Pranaenergie neigt dazu, sich innerhalb eines Zeitraums von 30 Minuten bis zu mehreren Stunden zu verflüchtigen, wenn sie nicht stabilisiert worden ist. Dies ist der Grund, warum die Symptome manchmal schon kurz nach der Pranabehandlung zurückkehren.

Wie wird die übertragene Pranaenergie stabilisiert? Nachdem Sie die Pranaenergie projiziert haben, stabilisieren Sie sie mental, indem Sie die behandelten Körperteile einige Sekunden lang mit hellem Blau oder hellem Himmelblau »anmalen«. Sie können dazu die Hand oder den Laserkristall in anmalender Bewegung über dem behandelten Körperteil hin und her bewegen.

Wie die Verbindung getrennt wird

Diese Anweisung wird für die Leser wiederholt, die keine Erfahrung mit Pranaheilen haben.
Visualisieren Sie eine Verbindung zwischen Ihnen und dem Patienten. Diese Verbindung kann hellsichtig als dünnes Lichtband wahrgenommen werden, das Ihr Solarplexuschakra mit dem des Patienten verbindet. Um diese Verbindung durchzutrennen, stellen Sie sich Ihre Hand oder den Laserkristall einfach als Messer vor, und schneiden Sie das Lichtband durch.

Erbitten des göttlichen Segens

Um das Heilen noch sicherer, schneller und wirkungsvoller zu machen, ist es ratsam, den göttlichen Segen zu erbitten, bevor Sie den Patienten heilen.

An das Höchste Wesen:

> Wir danken Dir für die göttliche Führung,
> für die göttliche Liebe und Gnade,
> diesen Patienten zu heilen,
> für Deine göttliche Hilfe und Deinen Schutz.
> In Dankbarkeit und voller Vertrauen (4 x).

An die heilenden Engel, die heilenden Helfer, die spirituellen Lehrer, die spirituellen Älteren, an die Lichtwesen und die großen Wesen:

> Wir danken euch für die göttliche Führung,
> für die göttliche Liebe und Gnade,
> diesen Patienten zu heilen,
> für eure göttliche Hilfe und euren Schutz.
> In Dankbarkeit und voller Vertrauen (4x).

Sie können auch Ihre eigenen Worte wählen oder Ihr eigenes Gebet. Am Ende der Behandlung sollte der Heiler ein kurzes Dankgebet sprechen.

An das Höchste Wesen:

> Wir danken Dir sehr für den Segen
> und für die Heilung dieses Patienten.
> In Dankbarkeit und voller Vertrauen (4x).

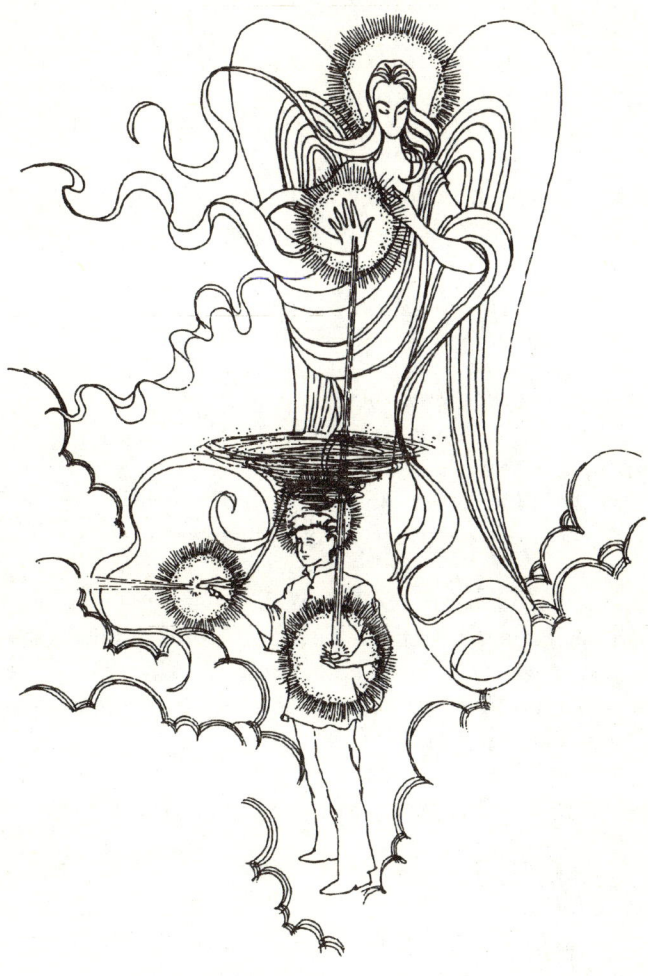

Abb. 4.12 Die göttliche Heilenergie fließt durch den Heiler und den Kristall hindurch, wenn der göttliche Segen erbeten wird

> Wir danken Dir auch,
> daß Du einen heilenden Engel
> und einen heilenden Helfer
> dem Patienten zur Seite stellst,
> bis seine Heilung vollständig erfolgt ist.
> In Dankbarkeit und voller Vertrauen (4x).

An die heilenden Engel, die heilenden Führer, die spirituellen Lehrer, die spirituellen Älteren, die Lichtwesen und die großen Wesen:

> Wir danken euch sehr für den Segen
> und die Heilung dieses Patienten.
> In Dankbarkeit und voller Vertrauen (4x).

Bitte beachten Sie:
Wiederholen Sie nur die Worte »In Dankbarkeit und voller Vertrauen« viermal, nicht das ganze Gebet.

Der Heilerfolg kann weiter beschleunigt werden, wenn auch der Patient ein kurzes Gebet spricht und um Heilung bittet, bevor die Behandlung beginnt und ein weiteres kurzes Gebet am Ende der Behandlung. Der Patient kann seine eigenen Worte benutzen.

Vor dem Beginn der Behandlung kann der Patient auch das folgende Gebet sprechen.

An das Höchste Wesen:

> Ich danke Dir für Deinen göttlichen Segen,
> für Deine göttliche Liebe und Gnade,
> für die göttliche Heilung,
> Deine göttliche Hilfe und Deinen Schutz.
> In Dankbarkeit und voller Vertrauen (4x).

An die heilenden Engel, die heilenden Führer, die spirituellen Lehrer, die spirituellen Älteren, die Lichtwesen und die großen Wesen:

> Ich danke euch sehr für euren Segen
> für die göttliche Liebe und Gnade,
> für die göttliche Heilung,
> die göttliche Hilfe und den Schutz.
> In Dankbarkeit und voller Vertrauen (4x).

Am Ende der Behandlung kann der Patient wie folgt beten.

An das Höchste Wesen:

> Ich danke Dir erneut für Deinen göttlichen Segen
> und die göttliche Heilung.
> In Dankbarkeit und voller Vertrauen (4x).

An die heilenden Engel, die heilenden Führer, die spirituellen Lehrer, die spirituellen Älteren, die Lichtwesen und die großen Wesen:

> Ich danke euch erneut für euren Segen
> und für die göttliche Heilung.
> In Dankbarkeit und voller Vertrauen (4x).

Verteilendes Sweeping

Sie können das verteilende Sweeping am Ende der Behandlung anwenden. Dadurch wird der Heilerfolg weiter beschleunigt:

1. Die Zirkulation der Pranaenergie wird verbessert.
2. Die Ausbreitung der Pranaenergie in den verschiedenen Körperteilen wird erleichtert.

Wie geschieht das?

1. Nach der Behandlung führen Sie verteilendes Sweeping in Auf- und Abwärtsbewegungen an der Vorderseite des Körpers durch. Gehen Sie vom Kronenchakra herunter zum Sexualchakra, dann vom Sexualchakra hinauf zum Kronenchakra. Führen Sie die Bewegungen langsam aus und wiederholen Sie sie etwa fünfmal.
2. Wenden Sie seitlich das verteilende Sweeping an. Erheben Sie gleichzeitig beide Hände bis nahe an das Gesicht Ihres Patienten. Bewegen Sie die Hände seitlich nach rechts und links. Gehen Sie weiter zum Halsbereich und bewegen Sie die Hände seitlich nach rechts und links. Gehen Sie dann weiter zum Brustbereich und wiederholen Sie die gleiche Behandlung, bis Sie das Nabelchakra erreichen.
3. Bitten Sie den Patienten, sich herumzudrehen und führen Sie das verteilende Sweeping an der Rückseite des Körpers von oben nach unten durch. Dann wenden Sie verteilendes Sweeping seitlich an. Folgen Sie den Anweisungen der Schritte 1 und 2.
4. Wenden Sie verteilendes Sweeping bei den Armen und Beinen an.

Mit einem Laser-Quarzkristall reinigen ...

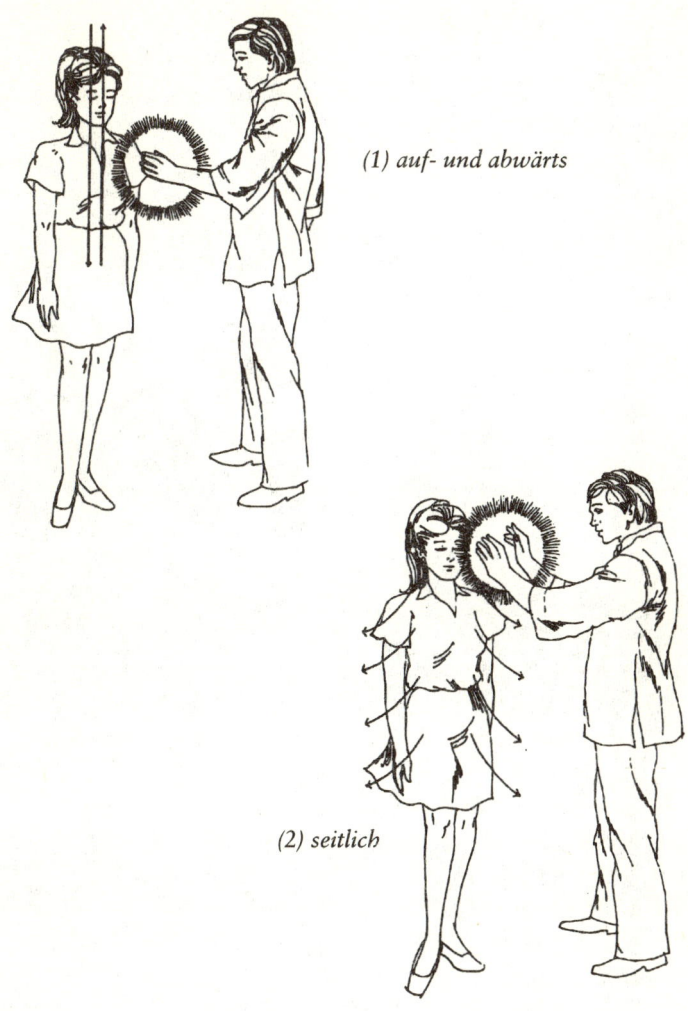

(1) auf- und abwärts

(2) seitlich

Abb. 4.13 Verteilende Sweeping an der Vorderseite des Körpers

Abb. 4.14 Verteilendes Sweeping an der Rückseite des Körpers

Abb. 4.15 Wie Sie einen Kristall für die Fernheilung benutzen

Fernheilung mit Kristallen

Können Sie einen Kristall für die Prana-Fernheilung benutzen? Ja.

1. Legen Sie einen Chakra-Aktivator auf die empfangende Hand und einen Laserkristall auf die übertragende Hand.
2. Stellen Sie sich den Patienten in etwa 30 Zentimeter Größe vor Ihnen stehend vor. Die Visualisierung muß nicht deutlich sein. Wichtig ist die Absicht, die heilende Energie diesem bestimmten Patienten zu schicken.

3. Wenden Sie allgemeines Sweeping und örtliches Sweeping an. <u>Während des Sweepings wiederholen Sie regelmäßig den Namen des Patienten.</u> Dadurch wird der Reinigungsvorgang wirkungsvoller.
4. Wiederholen Sie den Namen des Patienten auch beim Energetisieren regelmäßig. Damit stellen Sie sicher, daß möglichst alle Heilenergie den Patienten erreicht und nicht in das Universum hinausgeht.
5. Wiederholen Sie die Behandlung mehrmals wöchentlich so lange wie notwendig.

Sie können vor dem Heilen den göttlichen Segen erbitten. Sie sollten keine Heilbehandlung durchführen, während der Patient Auto fährt, schwer trägt oder eine schwierige Aufgabe zu erfüllen hat, die seine Sicherheit oder die anderer Menschen gefährden könnte.

Einen Kristall als Extraktor benutzen

Ein Kristall ist ein feiner Energiekondensator. Er kann daher beides aufnehmen. Pranaenergie und kranke Energie. Da ein Kristall auch programmierbar ist, können Sie ihn anweisen, schmutzige, kranke Energie, negative Kräfte und negative Gedankeneinheiten aus der betroffenen Körperstelle oder dem Chakra herauszuziehen, zu absorbieren, aufzulösen und auszustoßen. So wird der Kristall zum »Extraktor«.

Sie können ein kleines Stück eines klaren Quarzes nehmen oder einen grünen <u>Turmalin.</u> Ein grüner Turmalin ist wirkungsvoller als Extraktor, <u>da grün einen auflösenden Effekt hat.</u>

Die Schlüsselwörter sind *herausziehen, absorbieren, auf-* <u>*lösen und ausstoßen*</u>. Wenn Sie einem Kristall Anweisungen geben, müssen diese genau und vollständig sein. Wenn Sie z. B. einfach sagen »ziehe heraus«, so wird er herausziehen,

Mit einem Laser-Quarzkristall reinigen ...

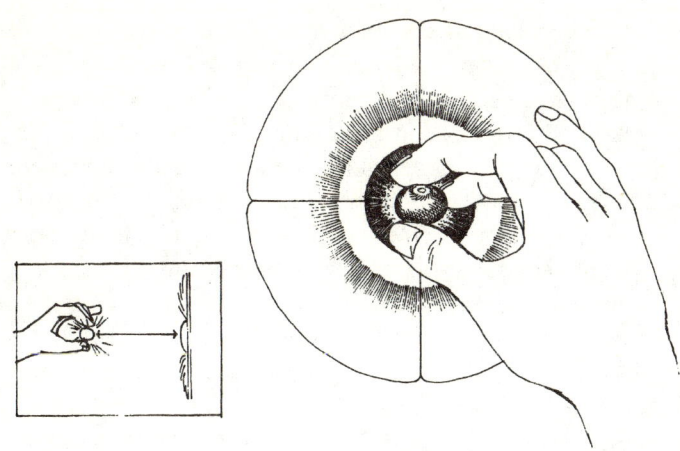

Abb. 4.16 Ein kieselsteinförmiger Extraktor wird an ein betroffenes Chakra gehalten

aber nicht absorbieren, auflösen und ausstoßen. Ebenso müssen Sie den Kristall genau anweisen, die schmutzige und kranke Energie herauszuziehen, nicht die saubere Pranaenergie. Geben Sie auch genau an, welches Chakra oder welcher Körperteil gereinigt werden soll. Sie müssen, anders ausgedrückt, dem Kristall genau sagen, was zu tun ist. Der Kristall wird eine bestimmte Aufgabe nur erledigen, wenn Sie ihn anweisen, das zu tun.

Der Ort muß gut durchlüftet sein, so daß die kranke Energie vom Heilbereich entfernt werden kann. Es ist ebenfalls ratsam, den Raum, in dem geheilt wird, mit Sandelholz-Räucherwerk zu reinigen.

Sie können den Extraktor auf zwei verschiedene Arten verwenden:

1. Halten Sie den Kristall nahe an den betroffenen Körperteil oder das Chakra. Falls der Patient liegt, plazieren Sie

den Extraktor auf den betroffenen Körperteil bzw. auf das entsprechende Chakra. Dann weisen Sie ihn an, die kranke Energie herauszuziehen, zu absorbieren, aufzulösen und auszustoßen. Wenn Sie mit Prana-Psychotherapie arbeiten, müssen Sie den Kristall auch anweisen, die negativen Gedankeneinheiten und Kräfte herauszuziehen, zu absorbieren, aufzulösen und auszustoßen. Warten Sie eine gewisse Zeit und schütteln Sie dann die verbrauchte Energie in den Abfallbehälter aus. Weisen Sie den Extraktor an aufzuhören, indem Sie mental oder verbal »stop« sagen. Reinigen Sie den Extraktor sorgfältig.
2. Halten Sie den Extraktor nahe an die betroffenen Körperbereiche oder das Chakra. Bewegen Sie ihn im Uhrzeigersinn und übertragen Sie gleichzeitig einige Sekunden lang Pranaenergie durch ihn. Dann bewegen Sie den Extraktor gegen den Uhrzeigersinn und geben ihm gleichzeitig die Anweisung, die kranke Energie herauszuziehen, zu absorbieren, aufzulösen und auszustoßen. Schütteln Sie die kranke Energie in den Abfallbehälter aus. Wiederholen Sie dieses Vorgehen mehrmals, bis der betroffene Körperteil oder das Chakra relativ sauber ist. Dann weisen Sie den Extraktor an aufzuhören.

Geben Sie dem Extraktor genug Zeit zu arbeiten:

Ein Kristall kann kranke Energie nur in einer gewissen Menge herausziehen. Daher muß ihm genügend Zeit gegeben werden, um seine Arbeit auszuführen.

Wenn Sie z.B. zu viel Streß oder Anspannung haben, so können Sie sich einfach hinlegen und einen grünen Turmalin auf Ihr Solarplexuschakra legen. Geben Sie dem Kristall die Anweisung, den Streß und die kranke Energie aus dem Solarplexuschakra und dem ganzen Körper herauszuziehen, zu absorbieren, aufzulösen und auszustoßen. Ruhen Sie etwa eine Viertelstunde bis 20 Minuten, dann weisen

Mit einem Laser-Quarzkristall reinigen ... 67

*Abb. 4.17 Ein Kristall entfernt Streßenergie
aus dem Solarplexuschakra*

Sie den Kristall an aufzuhören. Sie werden sich anschließend sicherlich viel besser fühlen. Sie können statt eines grünen Turmalins auch einen Rosenquarz gegen den Streß benutzen, da Rosenquarz rosa Pranaenergie ausstrahlt, die eine lindernde und beruhigende Wirkung hat.

Wenn der Patient liegt, können Sie verschiedene Extraktoren auf verschiedene Körperteile legen und ihnen die entsprechenden Anweisungen geben. Das wird die Reinigung der verschiedenen betroffenen Chakras und Körperteile bzw. des ganzen Körpers erleichtern. Falls Sie viele Patienten haben, lassen Sie mehrere sich hinlegen, und legen Sie ihnen Extraktoren auf, um den Reinigungsprozeß zu unterstützen und zu vereinfachen. Weitere Informationen zu diesem Thema finden Sie in Kapitel 7.

Anwendungsmöglichkeiten bei Gesundheitsstörungen und Krankheiten

Wie bereits ausgeführt, gehen wir davon aus, daß Sie bereits Kenntnisse und Übung im Pranaheilen haben. Es wird jedoch einige Leser geben, die noch keine Erfahrung mit Prana- oder Energieheilen haben. Wir geben daher einige Beispiele, um zu verdeutlichen, wie verschiedene allgemein übliche Krankheiten und Gesundheitsstörungen zu heilen sind. Bei der Durchführung der folgenden Behandlungen übertragen Sie weiße Pranaenergie, soweit nicht eine bestimmte Farbe angegeben wird.

Einfache Gesundheitsstörungen und Krankheiten

Wie behandeln Sie einfache Gesundheitsstörungen und Krankheiten?

1. Legen Sie den Chakra-Aktivator auf Ihre empfangende Hand und den Laserkristall auf die projizierende Hand.
2. Verbinden Sie Zunge und Gaumen.
3. Führen Sie mit dem Laserkristall in leichter Zickzackbewegung örtliches Sweeping an dem betroffenen Körperteil durch. Machen Sie das fünfmal, dann schütteln Sie die schmutzige Energie in den Abfallbehälter aus.
4. Wiederholen Sie das siebenmal.
5. Energetisieren Sie den betroffenen Körperteil ausreichend. Wenn Sie nicht sensibel genug sind festzustellen, ob der betroffene Bereich vollständig energetisiert ist oder nicht, so energetisieren Sie ihn etwa drei bis fünf Minuten lang.
6. Fühlt sich der Patient noch nicht wesentlich erleichtert, wenden Sie örtliches Sweeping und Energetisieren noch ein- oder zweimal an.
7. Bleiben die Symptome bestehen, so ist der Patient entweder nicht aufnahmefähig oder die Erkrankung kann

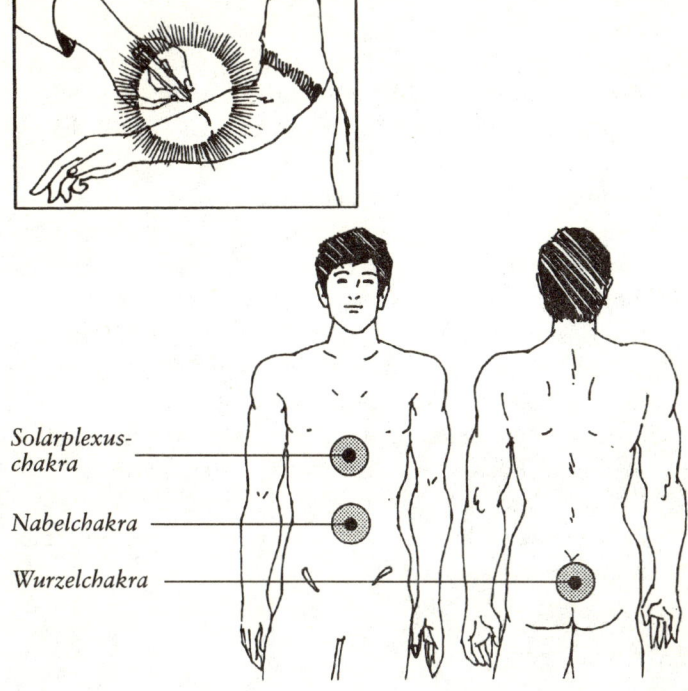

Abb. 4.18 Pranabehandlung bei Wunden

schwerer sein, als sie erscheint. Geben Sie daher dem Patienten den Rat, einen Arzt aufzusuchen und außerdem einen fähigen und fortgeschrittenen Pranaheiler.
8. Stabilisieren Sie, indem Sie den behandelten Körperteil mental einige Sekunden lang mit hellblauer Pranaenergie anmalen, dann trennen Sie die ätherische Verbindung zwischen sich und dem Patienten.

Wunden

1. Legen Sie den Chakra-Aktivator auf die empfangende Hand und den Laserkristall auf die übertragende Hand.

2. Verbinden Sie Zunge und Gaumen.
3. Führen Sie örtliches Sweeping mit dem Laserkristall in einer leichten Zickzack-Bewegung an dem betroffenen Körperteil durch. Machen Sie das fünfmal, dann schütteln Sie die schmutzige Energie in den Abfallbehälter aus.
4. Wiederholen Sie Schritt 3 siebenmal.
5. Energetisieren Sie den betroffenen Bereich etwa fünf bis zehn Minuten.
6. Stabilisieren Sie, indem sie den behandelten Körperteil mental einige Sekunden lang mit hellblauer Pranaenergie anmalen, dann durchtrennen Sie die ätherische Verbindung zwischen sich und dem Patienten.
7. Sie können die Behandlung dreimal täglich wiederholen, um eine wunderbar schnelle Heilung zu erzielen.
8. Hat der Patient Schwierigkeiten beim Heilen einer Wunde, dann sollten auch Wurzel-, Nabel- und Solarplexuschakra behandelt werden.

Verbrennungen

Behandlung bei frischen Verbrennungen:

1. Legen Sie den Chakra-Aktivator auf die empfangende Hand und den Laserkristall auf die übertragende Hand.
2. Verbinden Sie Zunge und Gaumen.
3. Führen Sie örtliches Sweepung mit dem Laserkristall in einer leichten Zickzack-Bewegung an dem betroffenen Körperteil durch. Machen Sie das fünfmal und schütteln Sie die schmutzige Energie in den Abfallbehälter.
4. Wiederholen Sie Schritt 3 siebenmal oder häufiger, bis der Schmerz wesentlich nachgelassen hat.
5. Energetisieren Sie den betroffenen Bereich etwa drei bis fünf Minuten.
6. Wiederholen Sie den Reinigungs- und Energetisierungsprozeß, bis die Verbrennung vollständig geheilt ist.

7. Stabilisieren Sie, indem Sie den behandelten Körperteil mental einige Sekunden lang mit hellblauer Pranaenergie anmalen, dann durchtrennen Sie die ätherische Verbindung zwischen sich und dem Patienten.
8. Weisen Sie den Patienten an, den behandelten Körperteil etwa zwei Tage nicht zu waschen und keine Creme aufzutragen, besonders keine Vitamin-E-Creme. Die Anwendung von Vitamin-E-Creme bewirkt, daß frisch verbrannte Haut Blasen bildet. Vitamin-E-Creme kann bei alten Verbrennungen benutzt werden, nicht aber bei frischen, die mit Prana behandelt worden sind.

Bei alten Verbrennungen ist das Vorgehen nahezu das gleiche. Die Behandlung kann dreimal täglich wiederholt werden, um den Heilungsprozeß zu beschleunigen. Auch das Wurzelchakra kann behandelt werden, um die Heilung weiter voranzutreiben.

Zahnschmerzen

1. Legen Sie den Chakra-Aktivator auf die empfangende Hand und den Laserkristall auf die übertragende Hand.
2. Verbinden Sie Zunge und Gaumen.
3. Bitten Sie den Patienten, einen Finger auf den betroffenen Bereich zu legen.
4. Führen Sie örtliches Sweepling mit dem Laserkristall in einer geraden Abwärtsbewegung an dem betroffenen Körperteil durch, statt einer leichten Zickzack-Bewegung. Machen Sie das fünfmal und schütteln dann die schmutzige Energie in den Abfallbehälter aus.
5. Wiederholen Sie Schritt 4 siebenmal. Nach dem Reinigen wird der Patient wahrscheinlich eine teilweise oder völlige Erleichterung spüren.
6. Energetisieren Sie den betroffenen Bereich etwa drei bis fünf Minuten.
7. Stabilisieren Sie, indem Sie den behandelten Körperteil

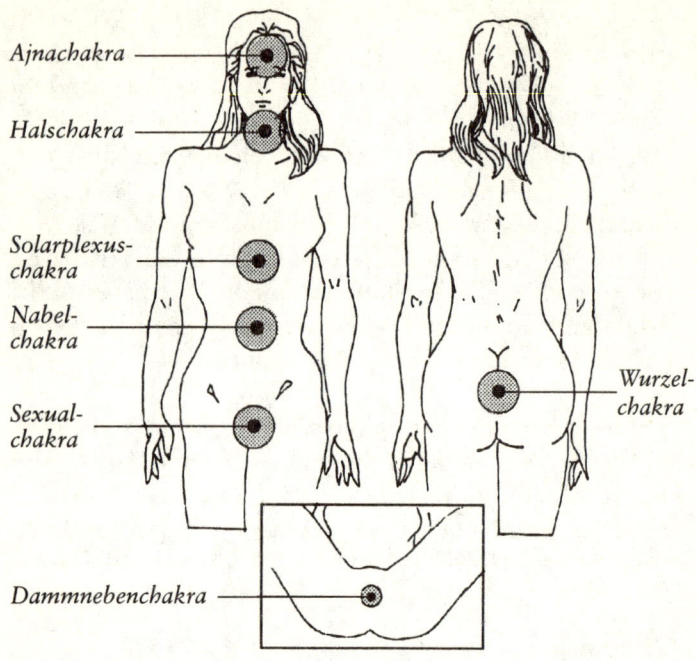

Abb. 4.19 Pranabehandlung bei Menstruationsbeschwerden

mental einige Sekunden lang mit heller blauer Pranaenergie anmalen, dann durchtrennen Sie die ätherische Verbindung zwischen sich und dem Patienten.
8. Selbst wenn der Patient nun völlig schmerzfrei ist, weisen Sie ihn an, einen Zahnarzt aufzusuchen.

Menstruationsbeschwerden

1. Legen Sie den Chakra-Aktivator auf die empfangende Hand und den Laserkristall auf die übertragende Hand.
2. Verbinden Sie Zunge und Gaumen.
3. Führen Sie örtliches Sweeping mit dem Laserkristall in einer leichten Zickzack-Bewegung an dem Sexualchakra

oder dem Schambereich durch. Machen Sie das fünfmal und schütteln Sie dann die schmutzige Energie in den Abfallbehälter aus.
4. Wiederholen Sie Schritt 3 siebenmal, in den meisten Fällen wird die Patientin eine wesentliche Erleichterung verspüren.
5. Sie können das Sexualchakra einige Minuten lang energetisieren.
6. Um vollständig und auf Dauer zu heilen, behandeln Sie auch das Wurzelchakra, das Dammnebenchakra, das Nabel-, Solarplexus-, Hals- und Ajnachakra.
7. Stabilisieren Sie, indem Sie den behandelten Körperteil mental einige Sekunden lang mit hellblauer Pranaenergie anmalen, dann durchtrennen Sie die ätherische Verbindung zwischen Ihnen und der Patientin.
8. Die Behandlung kann drei Tage vor dem Einsetzen der Menstruation erfolgen, um die Beschwerden zu verringern oder ganz zu vermeiden.

Vergrößerte Prostata

Hier sind das Sexualchakra, das Dammnebenchakra und die Prostata betroffen. Sie müssen gründlich gereinigt und energetisiert werden. Die Prostata liegt genau oberhalb des Damms.

1. Legen Sie den Chakra-Aktivator auf die empfangende Hand und den Laserkristall auf die übertragende Hand.
2. Verbinden Sie Zunge und Gaumen.
3. Führen Sie örtliches Sweeping mit dem Laserkristall in einer leichten Zickzack-Bewegung an dem Sexualchakra durch, das oberhalb des Dammes liegt. Machen Sie das fünfmal und schütteln Sie dann die schmutzige Energie in den Abfallbehälter aus.
4. Wiederholen Sie Schritt 3 siebenmal.
5. Energetisieren Sie das Sexualchakra einige Minuten lang.

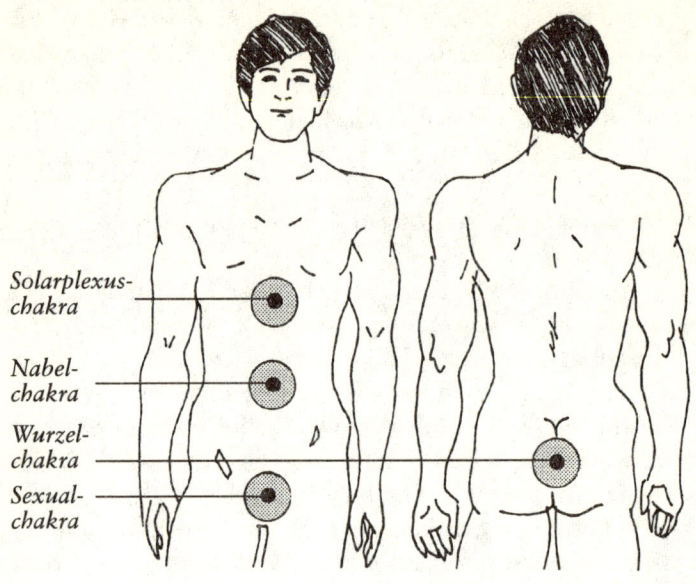

Abb. 4.20 Pranabehandlung bei vergrößerter Prostata

6. Reinigen und energetisieren Sie das Dammnebenchakra gründlich und ebenso die Prostata. Das ist für eine vollständige und dauerhafte Heilung wichtig.
7. Das Wurzelchakra, das Nabel- und das Solarplexuschakra sind teilweise betroffen, reinigen und energetisieren Sie diese ebenfalls.
8. Stabilisieren Sie, indem Sie den behandelten Körperteil mental einige Sekunden lang mit hellblauer Pranaenergie anmalen, dann trennen Sie die ätherische Verbindung zwischen sich und dem Patienten.
9. Wiederholen Sie die Behandlung zwei- bis dreimal wöchentlich. Die meisten Patienten werden eine schnelle Besserung verspüren.

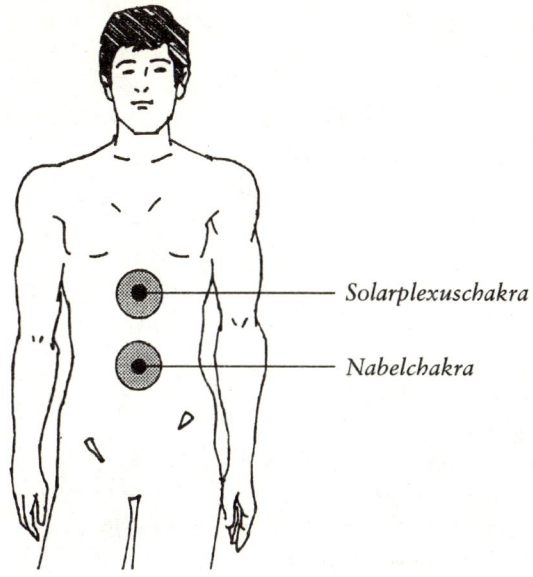

*Abb. 4.21 Pranabehandlung bei Unterleibsschmerzen,
Brechreiz und Durchfall*

Unterleibsschmerzen, Brechreiz und Durchfall

1. Legen Sie den Chakra-Aktivator auf die empfangende Hand und den Laserkristall auf die übertragende Hand.
2. Verbinden Sie Zunge und Gaumen.
3. Wenden Sie allgemeines Sweeping zwei- bis dreimal mit dem Laserkristall an.
4. Führen Sie örtliches Sweeping mit dem Laserkristall in einer leichten Zickzack-Bewegung an dem Solarplexuschakra und dem oberen Unterleibsbereich durch. Machen Sie das fünfmal und schütteln Sie dann die schmutzige Energie in den Abfallbehälter aus.
5. Wiederholen Sie Schritt 4 siebenmal.

6. Führen Sie örtliches Sweeping mit dem Laserkristall in einer leichten Zickzack-Bewegung an dem Nabelchakra und dem unteren Unterleibsbereich durch. Machen Sie das fünfmal und schütteln Sie dann die schmutzige Energie in den Abfallbehälter aus.
7. Wiederholen Sie Schritt 6 siebenmal. Der Patient kann eine sofortige Erleichterung und Heilung verspüren, einfach durch das vollständige Reinigen des Solarplexuschakras, des Nabelchakras und des oberen und unteren Unterleibsbereichs, selbst wenn Sie noch nicht energetisieren.
8. Energetisieren Sie das Solarplexuschakra und das Nabelchakra einige Minuten lang.
9. Stabilisieren Sie, indem Sie den behandelten Körperteil mental einige Sekunden lang mit hellblauer Pranaenergie anmalen, dann trennen Sie die ätherische Verbindung zwischen sich und dem Patienten.
10. In schweren Fällen wiederholen Sie die Behandlung zwei- bis dreimal täglich an den folgenden Tagen.

In schweren Fällen oder wenn die Symptome andauern, weisen Sie den Patienten an, sofort einen Arzt aufzusuchen und eine Pranabehandlung bei einem erfahreneren Pranaheiler zu beginnen.

Bei der Behandlung von Magen-Darm-Erkrankungen ist es wichtig, den Patienten vor dem Energetisieren gründlich zu reinigen. Sonst könnte er überreagieren und sein Zustand sich zeitweilig verschlechtern.

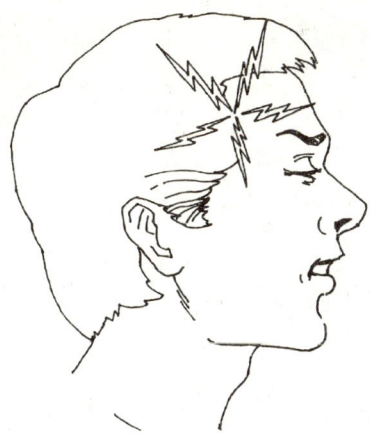

Abb. 4.22 Kopfschmerzen

Kopfschmerzen

Behandlung von allgemeinen Kopfschmerzen

1. Legen Sie den Chakra-Aktivator auf die empfangende Hand und den Laserkristall auf die übertragende Hand.
2. Verbinden Sie Zunge und Gaumen.
3. Fragen Sie den Patienten, welcher Teil des Kopfes schmerzt.
4. Reinigen Sie die betroffenen Bereiche gründlich mit dem Laserkristall. Nach einer vollständigen Reinigung wird der Schmerz wesentlich nachlassen.
5. Energetisieren Sie einige Minuten lang die betroffenen Bereiche.
6. Stabilisieren und trennen Sie.

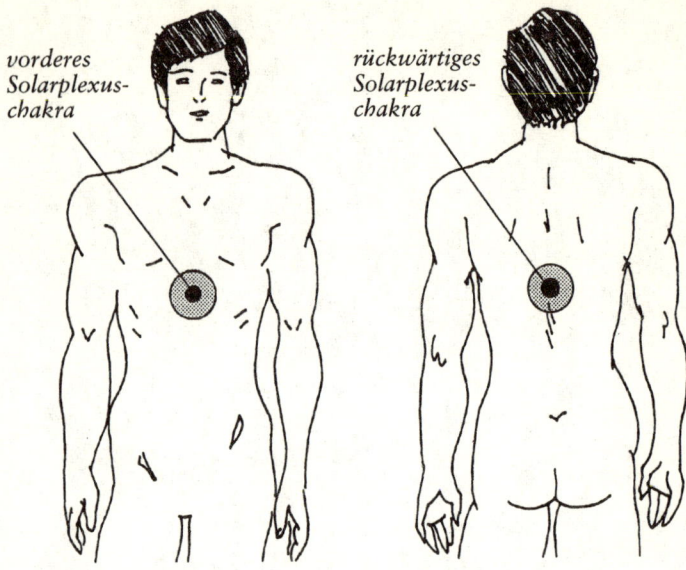

Abb. 4.23 Pranabehandlung von Streßkopfschmerzen

Behandlung bei Streßkopfschmerzen

Beruhen die Kopfschmerzen auf Streß oder emotionalen Problemen, muß das Solarplexuschakra gründlich gereinigt werden.

1. Legen Sie den Chakra-Aktivator auf die empfangende Hand und den Laserkristall auf die übertragende Hand.
2. Verbinden Sie Zunge und Gaumen.
3. Wenden Sie örtliches Sweeping mit dem Laserkristall bei dem vorderen Solarplexuschakra an. Wiederholen Sie das fünfmal. Schütteln Sie die schmutzige Energie in den Abfallbehälter aus.
4. Wiederholen Sie Schritt 3 siebenmal.

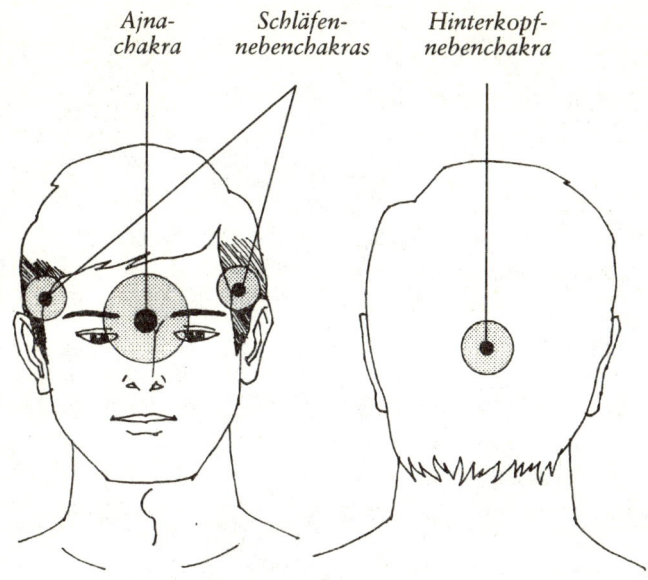

Abb. 4.24 *Pranabehandlung von Kopfschmerzen aufgrund überanstrengter Augen*

5. Wenden Sie örtliches Sweeping mit dem Laserkristall bei dem rückwärtigen Solarplexuschakra an. Machen Sie das fünfmal, dann schütteln Sie die schmutzige Energie in den Abfallbehälter aus. Wiederholen Sie den gesamten Vorgang siebenmal. Sobald das Solarplexuschakra gründlich gereinigt ist, wird der Patient eine teilweise Besserung verspüren.
6. Energetisieren Sie einige Minuten das vordere und rückwärtige Solarplexuschakra.
7. Wenden Sie örtliches Sweeping gründlich an den betroffenen Kopfbereichen an und energetisieren Sie diese.
8. Stabilisieren und trennen.

Behandlung von Kopfschmerzen aufgrund überanstrengter Augen

1. Scannen Sie die Augen, die Schläfen und das Ajnachakra. Wenden Sie gründliches örtliches Sweeping mit der Hand oder mit beiden Händen an. Es ist nicht ratsam, Chakra-Aktivator und Laserkristall zu benutzen, während Sie direkt die Augen reinigen, da diese energetisiert oder überenergetisiert werden können. Dadurch könnte sich der Zustand nach einiger Zeit verschlimmern.
2. Verbinden Sie Zunge und Gaumen.
3. Legen Sie den Chakra-Aktivator auf die empfangende Hand und den Laserkristall auf die übertragende Hand.
4. Wenden Sie örtliches Sweeping mit dem Laserkristall auf den Hinterkopfbereich an.
5. Energetisieren Sie die Augen über Hinterkopf und Ajnachakra.
6. Wenden Sie örtliches Sweeping gründlich bei den betroffenen Kopfbereichen an und energetisieren Sie diese.
7. Stabilisieren und trennen.

Arthritis

1. Legen Sie den Chakra-Aktivator auf die empfangende Hand und den Laserkristall auf die übertragende Hand.
2. Verbinden Sie Zunge und Gaumen.
3. Wenden Sie dreimal allgemeines Sweeping an.
4. Wenden Sie gründliches örtliches Sweeping und Energetisieren an auf das Wurzelchakra, das Dammnebenchakra, das Sexualchakra, das Nabel-, Stirn- und hintere Solarplexuschakra und auf die Leber.
5. Wenn der Patient unter rheumatischer Arthritis leidet, müssen das vordere und rückwärtige Milzchakra gereinigt werden. Das muß sanft und vorsichtig erfolgen, da einige Patienten ohnmächtig werden können, wenn das Milzchakra überenergetisiert wird. In seltenen Fällen kann sich der Blutdruck erhöhen.

Mit einem Laser-Quarzkristall reinigen ...

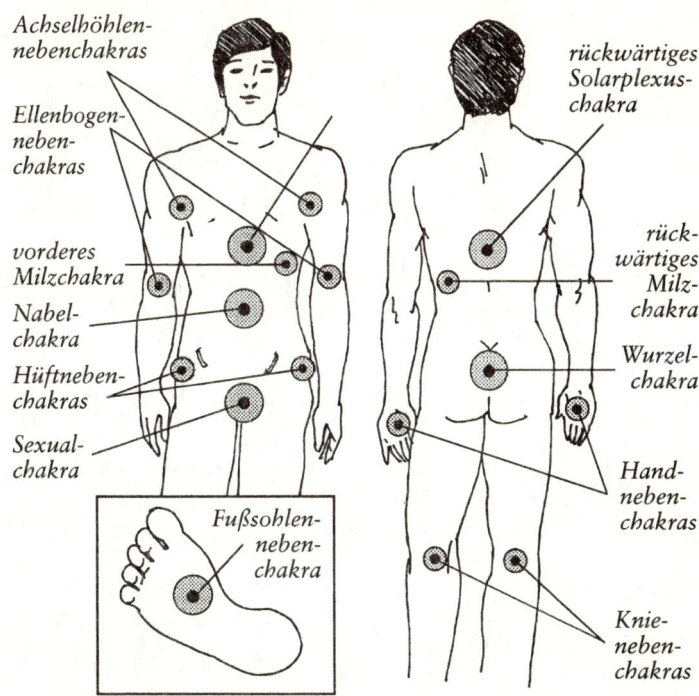

Abb. 4.25 Pranabehandlung bei Arthritis

6. Liegt der betroffene Bereich im Arm, so sind seine Nebenchakras zu behandeln. Ist das Bein betroffen, so entsprechend dessen Nebenchakras.
7. Wenden Sie örtliches Sweeping sorgfältig bei dem betroffenen Körperteil (oder den Körperteilen) an. Energetisieren Sie etwa fünf bis 10 Minuten lang.
8. Stabilisieren Sie den behandelten Körperteil einige Sekunden lang mit hellblauer Pranaenergie. Dann durchtrennen Sie die ätherische Verbindung zwischen sich und dem Patienten.
9. Sie sollten diese Behandlung dreimal wöchentlich etwa drei Monate lang wiederholen.

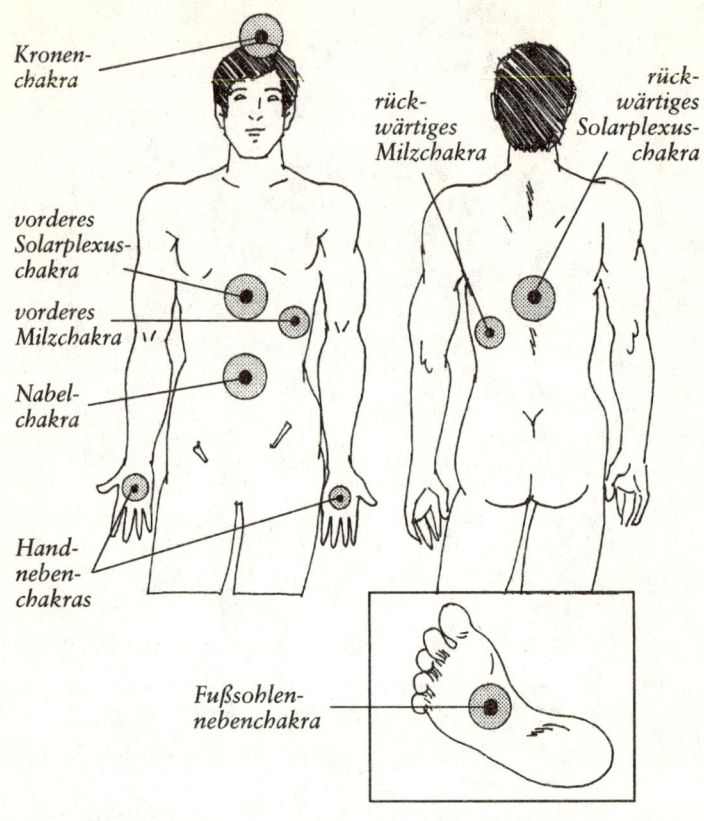

Abb. 4.26 Pranabehandlung bei Fieber

Fieber

Wie hellsichtige Beobachtungen zeigen, leidet der gesamte Körper eines Menschen, der Fieber hat, unter Pranamangel und ist umgeben von einer schmalen gräulich-roten Aura. Das vordere und rückwärtige Solarplexuschakra sind verstopft und mit schmutzig-roter Energie angefüllt. Wenn Sie die gräulich-rote Energie vom ganzen Körper entfernen und die schmutzig-rote Energie aus dem vorderen und rückwärtigen Solarplexuschakra herausziehen und entfernen, so wird das Fieber schnell sinken. Das Wurzelchakra sollte nicht direkt energetisiert werden, da dadurch das Fieber steigen würde.

In etwa 70 bis 80 Prozent aller Fälle wird das Fieber entweder durch Infektionen der Atemwege oder Infektionen im Magen-Darm-Bereich hervorgerufen. Bei einer verstopften Nase, Husten oder Halsschmerzen und/oder bei Atembeschwerden kann der Patient eine Infektion der Atemwege haben. Bei Schmerzen im Unterbauch, bei Erbrechen, Durchfall und/oder Blut im Stuhl, kann er eine Magen-Darm-Infektion haben.

Bei Frauen kann Fieber aufgrund von Infektionen der Harnwege auftreten. Die Symptome sind Schmerzen und Schwierigkeiten beim Wasserlassen, Schmerzen und Beschwerden im Schambereich und/oder Schmerzen im unteren Rückenbereich.

1. Legen Sie den Chakra-Aktivator auf die empfangende Hand und den Laserkristall auf die übertragende Hand.
2. Verbinden Sie Zunge und Gaumen.
3. Wenden Sie fünfmal allgemeines Sweeping mit dem Laserkristall an.
4. Wenden Sie örtliches Sweeping mit dem Laserkristall in einer leichten Zickzack-Bewegung bei dem vorderen Solarplexuschakra an. Machen Sie das fünfmal, dann schütteln Sie die schmutzige Energie in den Abfallbehälter aus. Wiederholen Sie diesen Schritt zehnmal.
5. Wenden Sie örtliches Sweeping in einer leichten Zickzack-Bewegung bei dem rückwärtigen Solarplexuschakra an. Machen Sie das fünfmal, dann schütteln Sie die verschmutzte Energie in den Abfallbehälter aus. Wiederholen Sie diesen Schritt zehnmal.
6. Energetisieren Sie einige Minuten lang das vordere und rückwärtige Solarplexuschakra.

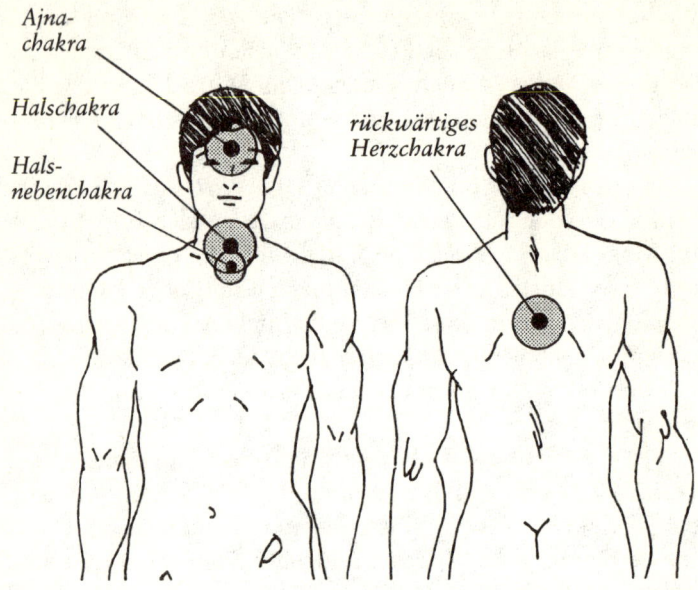

*Abb. 4.27 Pranabehandlung bei Fieber
aufgrund einer Atemwegsinfektion*

7. Wenden Sie gründliches Sweeping im Bereich des Ober- und Unterbauches an.
8. Liegt eine schwere Infektion vor, wenden Sie örtliches Sweeping und Energetisieren vorsichtig bei dem vorderen und rückwärtigen Milzchakra an.
9. Wenden Sie örtliches Sweeping und Energetisieren bei dem Nabelchakra, dem Kronenchakra, den Hand- und den Fußsohlennebenchakras an.
10. Geht das Fieber auf eine Infektion der Atemwege zurück, so wenden Sie örtliches Sweeping und Energetisieren an bei dem Ajnachakra oder der Nase, dem Halschakra und dem Halsnebenchakra, den Lungen und dem rückwärtigen Herzchakra.
11. Geht das Fieber auf eine Infektion des Magen-Darm-

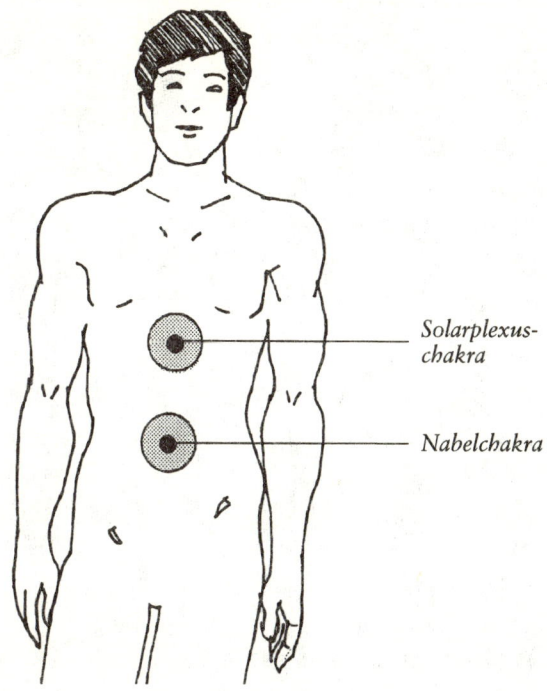

Abb. 4.28 Pranabehandlung bei Fieber aufgrund einer Infektion des Magen-Darm-Bereiches

Bereiches zurück, so wenden Sie örtliches Sweeping sorgfältig bei der Leber, dem Magen, dem Dünndarm und Dickdarm an. Wenden Sie örtliches Sweeping und Energetisieren bei dem Nabelchakra an.
12. Geht das Fieber auf eine Infektion der Harnwege zurück, so wenden Sie gründliches örtliches Sweeping und Energetisieren bei dem Sexualchakra (im Schambereich) an. Bei Schmerzen im unteren Rückenbereich wenden Sie gründliches örtliches Sweeping auf Nieren und Harnleiter an.

Legen Sie den Chakra-Aktivator und den Laserkristall

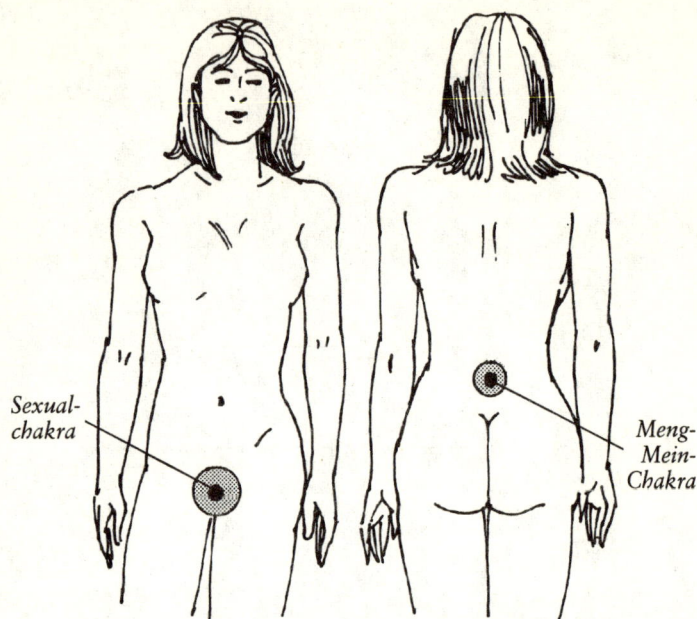

Abb. 4.29 Pranabehandlung bei Fieber aufgrund einer Infektion des Harntrakts

zur Seite. Wenden Sie mit der Hand örtliches Sweeping etwa 30mal bei dem Meng-Mein-Chakra an. Hierdurch wird die Gefahr, daß der Blutdruck steigt, verringert.

13. Beruht das Fieber auf einer Mandelentzündung, so wenden Sie örtliches Sweeping und Energetisieren gründlich an bei den Kiefernebenchakras, dem Halschakra und Halsnebenchakra.
14. Stabilisieren und trennen.
15. Wiederholen Sie die Behandlung zweimal täglich während der nächsten paar Tage.
16. Bei schwerer Erkrankung oder wenn die Symptome bestehenbleiben, weisen Sie den Patienten an, sofort einen Arzt und einen fähigen Pranaheiler aufzusuchen.

Mit einem Laser-Quarzkristall reinigen ...

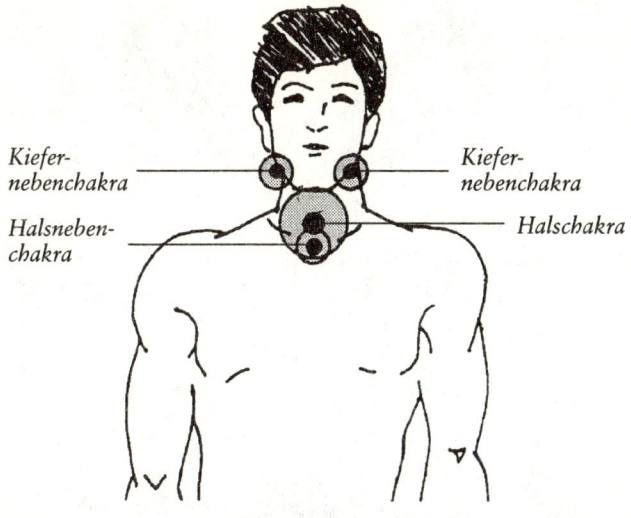

*Abb. 4.30 Pranabehandlung bei Fieber
aufgrund von Mandelentzündung*

Bluthochdruck

1. Legen Sie den Chakra-Aktivator auf die empfangende Hand und den Laserkristall auf die übertragende Hand.
2. Verbinden Sie Zunge und Gaumen.
3. Wenden Sie fünfmal allgemeines Sweeping an.
4. Führen Sie örtliches Sweeping gründlich bei dem vorderen und rückwärtigen Solarplexuschakra mit hellgrünem Prana durch. Um die Chakras zu reinigen, benutzen Sie die »Perforationstechnik für kranke Energie« und die »Sechsteilige Chakra-Reinigungstechnik«. Reinigen Sie auch die Leber gründlich.

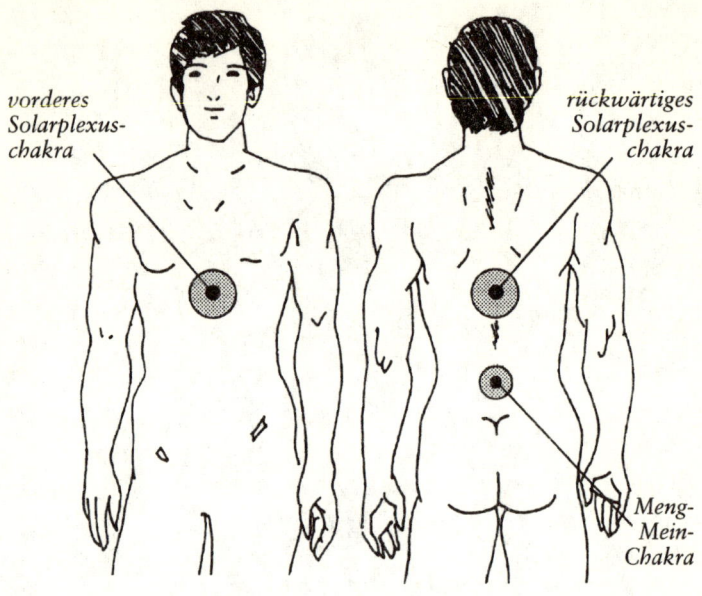

Abb. 4.31 Pranabehandlung bei Bluthochdruck

5. Energetisieren Sie das vordere und rückwärtige Solarplexuschakra mit hellem weißlich-grünem Prana, dann mit hellblauem Prana. Weisen Sie die Chakras mental an, kleiner zu werden, falls sie nach gründlicher Reinigung noch überaktiviert sind.
6. Legen Sie den Chakra-Aktivator zur Seite. Benutzen Sie nur den Laserkristall. Wenden Sie gründliches örtliches Sweeping bei dem Meng-Mein-Chakra mit hellgrünem Prana an. Benutzen Sie die »Perforationstechnik für kranke Energie« und die »Sechsteilige Chakra-Reinigungstechnik«.
7. Energetisieren Sie das Meng-Mein-Chakra mit hellem weißlichen Prana, dann mit mehr hellblauem Prana. Weisen Sie das Meng-Mein-Chakra mental an, kleiner zu

Mit einem Laser-Quarzkristall reinigen ...

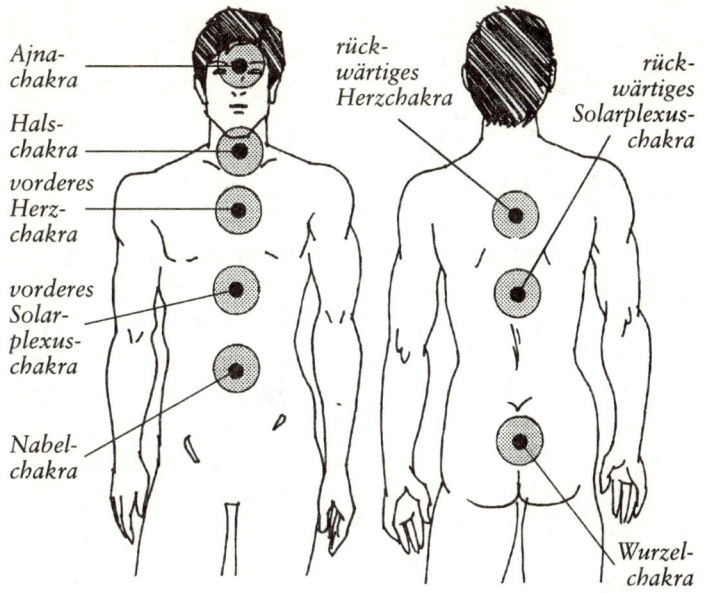

Abb. 4.32 Pranabehandlung bei Herzproblemen

werden. Die Größe des Meng-Mein-Chakras sollte etwa $1/3$ bis $1/2$ des rückwärtigen Herzchakras betragen.

8. Bei fachgerechter Ausübung wird eine wesentliche Besserung eintreten.

Bitte beachten Sie:
Die vorstehend beschriebene Vorgehensweise ist nur für fortgeschrittene Pranaheiler bestimmt.

Herzprobleme

1. Legen Sie den Chakra-Aktivator auf die empfangende Hand und den Laserkristall auf die übertragende Hand.
2. Verbinden Sie Zunge und Gaumen.

3. Wenden Sie dreimal allgemeines Sweeping an.
4. Führen Sie örtliches Sweeping gründlich bei dem vorderen und rückwärtigen Solarplexuschakra mit hellgrünem Prana durch. Benutzen Sie die »Perforationstechnik für kranke Energie« und die »Sechsteilige Chakra-Reinigungstechnik«. Reinigen Sie auch die Leber vollständig.
5. Energetisieren Sie das vordere und rückwärtige Solarplexuschakra mit hellem weißlich-grünem Prana, dann mit hellblauem Prana. Wenn sie nach der vollständigen Reinigung immer noch überaktiviert sind, so weisen Sie die Chakras mental an, kleiner zu werden.
6. Legen Sie den Chakra-Aktivator zur Seite. Scannen Sie das vordere Herzchakra und das physische Herz. Benutzen Sie die Hand oder den Laserkristall nur für das örtliche Sweeping mit hellgrünem Prana bei dem vorderen Herzchakra. Für die gründliche Reinigung des Herzchakras, auch wenn es nicht sehr schmutzig ist, verwenden Sie die »Sechsteilige Chakra-Reinigungstechnik«.
7. Legen Sie den Chakra-Aktivator auf die empfangende Hand und den Laserkristall auf die übertragende Hand.
8. Wenden Sie örtliches Sweeping und Energetisieren bei dem rückwärtigen Herzchakra an.
9. Falls der Patient ein starker Raucher ist, wenden Sie örtliches Sweeping mit grünem Prana gründlich auf der Rückseite und seitlich der Lungen an. Reinigen Sie mit Hilfe der »Perforationstechnik für kranke Energie« und der »Sechsteiligen Chakra-Reinigungstechnik« gründlich das rückwärtige Herzchakra mit hellgrünem Prana. Anschließend energetisieren Sie das rückwärtige Herzchakra mit weißem Prana.
10. Führen Sie örtliches Sweeping und Energetisieren bei dem Wurzelchakra, dem Nabel-, Hals- und Ajnachakra durch.
11. Stabilisieren und trennen.

12. Wiederholen Sie die Behandlung zwei- bis dreimal wöchentlich während der nächsten drei Monate.

Multiple Sklerose

Nach Ansicht der Ärzte beruht Multiple Sklerose auf einer chronischen Entzündung, Zerstörung und Vernarbung der äußeren Schicht der Nerven (Myelin) des zentralen Nervensystems. Das führt neben anderen Symptomen zu Schwäche in den Armen und Beinen, zur Unfähigkeit, willentliche Bewegungen zu koordinieren, zu Taubheit, Blicktrübung und doppeltem Sehen. In fortgeschrittenen Multiple-Sklerose-Fällen ist Gedächtnisverlust üblich.

Die Chakras eines an Multipler Sklerose erkrankten Menschen befinden sich in folgendem Zustand:

1. Vorderes und rückwärtiges Solarplexuschakra sind extrem überaktiviert, schmutzig und meistens verstopft.
2. Das Milzchakra leidet unter Pranamangel.
3. Die Wirbelsäule ist ätherisch verschmutzt.
4. Wurzelchakra und Sexualchakra sind stark überaktiviert, aber energetisch unterversorgt. Das Dammnebenchakra ist schmutzig. Sowohl das Meng-Mein-Chakra als auch das Nabelchakra sind klein und verstopft. Indem Sie das Nabelchakra reinigen und energetisieren, wird es einfacher und schneller, das Meng-Mein-Chakra, das Sexualchakra und das Wurzelchakra einschließlich des Dammnebenchakras zu normalisieren.
5. Das Herzchakra ist leicht unteraktiviert; das Halschakra ist überaktiviert, aber energetisch unterversorgt. Die Kiefernebenchakras sind verschmutzt und können verstopft sein. Das Ajnachakra, das Stirn- und Kronenchakra sowie die Hinterkopfnebenchakras sind verschmutzt, unteraktiviert und verstopft. Das Stirnchakra ist manchmal überaktiviert, aber verstopft. Der Hirnbereich über den Ohren ist meistens verstopft.

Bei gründlicher Anwendung der fortgeschrittenen Pranaheilung können bemerkenswerte und sogar dramatische Besserungen nach einer bis fünf Sitzungen eintreten, wenn die Erkrankung nicht zu schwer ist.

Vorgehensweise:

1. Führen Sie bei dem Patienten ein gründliches Scanning durch. Dann beobachten Sie vor der Behandlung seinen oder ihren körperlichen Zustand.
2. Wenden Sie gründliches örtliches Sweeping an der Vorder- und Rückseite der Lungen an. Wenden Sie die »Blutreinigungs- und Blutstärkungstechnik« an, indem Sie über die Rückseite der Lungen mit hellem weißlichem Grün energetisieren, mit hellem weißlichen Orange und hellem weißlichen Rot. Die Dauer sollte etwa vier Atemzyklen für helles weißliches Grün umfassen, drei Atemzyklen für helles weißliches Orange, dann etwa sieben Atemzyklen für helles weißliches Rot.
Stabilisieren Sie, indem Sie die Lungen außen mental mit hellem weißlichen Blau anmalen. Sollte der Patient in Form von Brustschmerzen überreagieren, so wenden Sie gründliches örtliches Sweeping bei dem vorderen und rückwärtigen Herzchakra an, bis die Schmerzen verschwinden. Bei weiteren Behandlungen ist es wichtig, das übertragene Farbprana heller abzuschattieren, falls der Patient Schmerzen im Brustkorb verspürt hat.
3. Wenden Sie die »Reinigungs- und Stärkungstechnik der inneren Organe« an. Übertragen Sie zunächst helles weißliches Blau, dann helles weißliches Grün, helles weißliches Orange und helles weißliches Rot. Energetisieren Sie das vordere Solarplexuschakra mit hellem weißlichen Blau einen Atemzyklus lang, dann mit hellem weißlichen Grün drei Atemzyklen, mit hellem weißlichen Orange drei Atemzyklen und mit hellem weißlichen Rot sechs Atemzyklen lang. Gehen Sie in

gleicher Weise bei dem rückwärtigen Solarplexuschakra vor. Lassen Sie den Patienten etwa drei Minuten lang ruhen, damit die übertragene Pranaenergie die übrigen Chakras reinigen und energetisieren kann.
4. Scannen Sie die oberen und unteren Chakras erneut. Sie werden merken, daß der Zustand der Chakras sich verbessert, während Sie die »Blutreinigungs- und Blutstärkungstechnik« und die »Technik zur Reinigung und Stärkung der inneren Organe« anwenden. Das Wurzelchakra und das Sexualchakra, die überaktiviert waren und unter Energiemangel litten, werden normalisiert und erhalten mehr Energie. Das Nabelchakra und das Meng-Mein-Chakra werden stärker aktiviert und energetisiert. Die oberen Chakras, die gewöhnlich klein und verstopft sind, werden größer und weniger gestaut. Es ist sehr wichtig, die »Blutreinigungs- und Blutstärkungstechnik« und die »Technik zur Reinigung und Stärkung der inneren Organe« anzuwenden, um eine rasche Heilung der Multiplen Sklerose zu erzielen.
5. Wenden Sie allgemeines Sweeping drei- bis viermal an.
6. Führen Sie örtliches Sweeping gründlich bei dem Nabelchakra mit hellem weißlich-grünen Prana durch. Energetisieren Sie gründlich mit hellem weißlichen Grün etwa drei Atemzyklen lang, dann mit hellem weißlichen Rot etwa acht Atemzyklen lang. Dieser Schritt ist sehr wichtig, da die ordnungsgemäße Funktion der anderen unteren Chakras von dem richtigen Funktionieren des Nabelchakras abhängt. Ist das Nabelchakra gründlich gereinigt und energetisiert, werden die anderen unteren Chakras wesentlich kräftiger werden.
7. Führen Sie gründliches örtliches Sweeping an dem Wurzelchakra, dem Sexualchakra und dem Dammnebenchakra durch mit hellem weißlichen Grün und hellem weißlichen Orange. Energetisieren Sie jedes einzelne Chakra gründlich mit hellem weißlichen Rot etwa acht Atemzyklen lang.

8. Wenden Sie örtliches Sweeping mit grünem Prana gründlich bei dem Meng-Mein-Chakra an, dann energetisieren Sie es etwa vier Atemzyklen lang mit weißem Prana. Scannen Sie das Meng-Mein-Chakra erneut. Wenn es überaktiviert ist, entfernen Sie die überschüssige Energie, bis das Chakra sich normalisiert. Bei älteren Menschen energetisieren Sie das Meng-Mein-Chakra mit weißem Prana nur zwei Atemzyklen lang. Der Heiler muß mit Patienten, die über 55 Jahre alt sind, vorsichtig umgehen, da ein Überenergetisieren des Meng-Mein-Chakras manchmal Probleme hervorrufen kann.
9. Wenden Sie örtliches Sweeping mit hellem weißlichen Grün und hellem weißlichen Violett bei dem Milzchakra an. Dann energetisieren Sie es mit hellem weißlich-violetten Prana etwa drei bis fünf Atemzyklen lang. Scannen Sie das Milzchakra erneut und ebenso das Meng-Mein-Chakra. Das Energetisieren des Milzchakras kann manchmal eine Überaktivierung des Meng-Mein-Chakras verursachen. Geschieht das, verkleinern Sie das Meng-Mein-Chakra sofort, indem Sie örtliches Sweeping sowohl bei dem Meng-Mein-Chakra als auch bei dem Milzchakra anwenden.
10. Wenden Sie örtliches Sweeping bei dem vorderen und rückwärtigen Herzchakra an. Dann energetisieren Sie das rückwärtige Herzchakra mit hellem weißlichen Grün drei Atemzyklen lang und mit hellem weißlichen Violett sechs Atemzyklen lang. Das Herzchakra beeinflußt das ordnungsgemäße Funktionieren der oberen Chakras. Indem Sie es reinigen und energetisieren, wird der Heilungsprozeß der oberen Chakras erleichtert.
11. Wenden Sie gründliches örtliches Sweeping abwechselnd mit hellgrünem und hell-weißlichem violetten Prana auf den rechten und linken Hirnbereich etwas oberhalb der Ohren an. Die Kiefernebenchakras müssen ebenfalls vollständig mit hell-weißlichem Grün im Wechsel mit hell-weißlichem Violett gereinigt werden.

12. Führen Sie örtliches Sweeping mit hell-weißlichem Grün und hell-weißlichem Violett an Halschakra, Ajna-, Stirn- und Kronenchakra sowie am Hinterkopfnebenchakra durch. Dann energetisieren Sie jedes von ihnen mit hellem weißlichen Grün etwa drei Atemzyklen lang, mit hellem weißlichen Violett etwa vier Atemzyklen lang und hellem elektrisch-violetten Prana einen Atemzyklus lang. Der Atemzyklus für elektrisch-violett kann nach mehrwöchiger Behandlung schrittweise auf zwei erhöht werden. Das wird den Heilungsprozeß im Hirnbereich erleichtern. Scannen Sie die Chakras erneut.
13. Wenden Sie verteilendes Sweeping in Auf- und Abwärtsbewegung an der Rückseite des Körpers etwa zehnmal an, vom Kronenchakra bis zur Basis der Wirbelsäule. Dann wenden Sie verteilendes Sweeping in Auf- und Abwärtsbewegung auf der Vorderseite vom Kronen- zum Sexualchakra an, ebenfalls etwa zehnmal. Verteilendes Sweeping ist sehr wichtig, weil es die Energiezirkulation kräftigt und die Sexual- und Wurzelchakraenergie in die oberen Chakras bringt. Die oberen Chakras werden durch die Energien des Sexual- und Wurzelchakras versorgt. Ihr ordnungsgemäßes Funktionieren hängt von der Energiezufuhr durch Sexual- und Wurzelchakra ab.
Wenn Sie die oberen Chakras nach dem verteilenden Sweeping erneut scannen, werden Sie feststellen, daß sie viel größer geworden sind. Sie können diese Methode auch bei der Heilung von geistig zurückgebliebenen Kindern oder Erwachsenen anwenden.
Scannen Sie das Sexualchakra und das Wurzelchakra erneut. Sie werden feststellen, daß diese Chakras teilweise energetisch unterversorgt sein können. In einem solchen Fall energetisieren Sie sie mit hellem weißlichen Rot.
14. Wenden Sie örtliches Sweeping bei dem vorderen und

rückwärtigen Solarplexuschakra an. Energetisieren Sie vorderes und rückwärtiges Solarplexuschakra mit weißem Prana sieben Atemzyklen lang.

15. Wenden Sie örtliches Sweeping an den Armen und Beinen an, abwechselnd mit hellem weißlichen Grün und hellem weißlichen Orange. Dann energetisieren Sie Arme und Beine über die Nebenchakras in der Achselhöhle, am Ellbogen, an der Hand, der Hüfte, dem Knie und unter der Fußsohle zwei Atemzyklen lang mit hellem weißlichen Grün und hellem weißlichen Orange. Danach energetisieren Sie mit hellem weißlichen Rot fünf Atemzyklen lang.

Ein taubes Gefühl an den Zehen und Fingern oder an anderen Körperstellen kann wesentlich gebessert werden, wenn Sie mit hellem weißlichen Grün und hellem weißlichen Orange reinigen und mit hellem weißlichen Grün, hellem weißlichen Orange und hellem weißlichen Rot energetisieren.

Wiederholen Sie die Behandlung dreimal wöchentlich und reduzieren Sie sie schrittweise auf zweimal pro Woche. Führen Sie die Behandlung drei bis sechs Monate durch. In schweren Multiple-Sklerose-Fällen kann die Behandlung etwa sechs Monate oder länger dauern. Im allgemeinen wird der Patient sich erheblich besser fühlen.

Die Anzahl der angegebenen Atemzyklen gilt nur als Richtwert. Der Heiler muß die angegebenen Anweisungen seinen eigenen Kräften gemäß dem jeweiligen Zustand und den Erfordernissen des Patienten anpassen. Ein starker Heiler kann eine ausreichende Menge von Farbprana in ein paar Sekunden übertragen, während ein normaler Heiler mehrere Atemzyklen dafür brauchen wird.

Die Behandlung von Multipler Sklerose sollte möglichst von einem erfahrenen und fortgeschrittenen Pranaheiler vorgenommen werden.

Kapitel 5

Wie Kristalle für Heilen mit farbigem Prana benutzt werden

Dieses Kapiel soll fortgeschrittenen Pranaheilern zeigen, wie sie Kristalle benutzen können, um farbiges Prana zu übertragen. Es dient auch als Einführung in das Heilen mit farbigem Prana. Zur weiteren Vertiefung lesen Sie bitte *Die hohe Kunst des Pranaheilens* von Choa Kok Sui.

Übertragen von farbigem Prana mit einem Laserkristall

Farbiges Prana kann übertragen werden, indem Sie einen klaren Quarzkristall verwenden. Sie können einen natürlichen Laser-Quarzkristall benutzen oder einen klaren Quarzkristall, der zu einem Laserkristall geschnitten und geformt wurde. Bei der Pranaenergie, die aus einem klaren Laserkristall austritt, handelt es sich um »weißes« Prana; er ist daher einfach zu verwenden, um farbiges Prana zu projizieren.

Wie projizieren Sie farbiges Prana unter Verwendung eines Laserkristalls?

1. Legen Sie einen Chakra-Aktivator auf die empfangende Hand und einen Laserkristall auf die übertragende Hand.
2. Verbinden Sie Zunge und Gaumen.
3. Um farbiges Prana zu projizieren, konzentrieren Sie sich auf das Hauptchakra, welches das benötigte farbige Prana enthält und gleichzeitig auf Ihre Fingerspitzen. Sie

können sich außerdem auf das Zentrum Ihrer übertragenden Handfläche konzentrieren. Das steht in Ihrem Belieben. Es reicht aus, wenn Sie sich auf die Fingerspitzen konzentrieren.
4. Es gibt drei Techniken, um farbiges Prana zu übertragen:
   a) Wurzel-/Handchakra-Technik
   b) Hals-/Handchakra-Technik
   c) Kronen-/Handchakra-Technik

Wurzel-/Handchakra-Technik

Die Wurzel-/Handchakra-Technik benutzt das Wurzelchakra als Quelle und das Handchakra zum Projizieren.

Um diese Technik auszuführen, konzentrieren Sie sich auf das Wurzelchakra und auf die übertragende Hand. Gehen Sie mit Ihrer Konzentration oder Ihrem Bewußtsein gleichzeitig zur Basis Ihrer Wirbelsäule und zu den Fingerspitzen der projizierenden Hand. Stellen Sie sich die gewünschte(n) Pranafarbe(n) vor bzw. visualisieren Sie diese.

Mit der Wurzel-/Handchakra-Technik können Sie die folgenden Pranafarben projizieren. Zu jeder Farbe gehören entsprechende Eigenschaften:

1. Rotes Prana – warm, ausdehnend, stärkend und aktivierend
2. Orangefarbenes Prana – austreibend und reinigend
3. Tiefgelbes Prana – festigend oder verbindend, es regt Wachstum an
4. Orangerotes Prana – schnelles Heilen frischer Wunden
5. Orangegelbes Prana – schnelles Heilen von Knochenbrüchen und gerissenen Sehnen

Kristalle für Heilen mit farbigem Prana

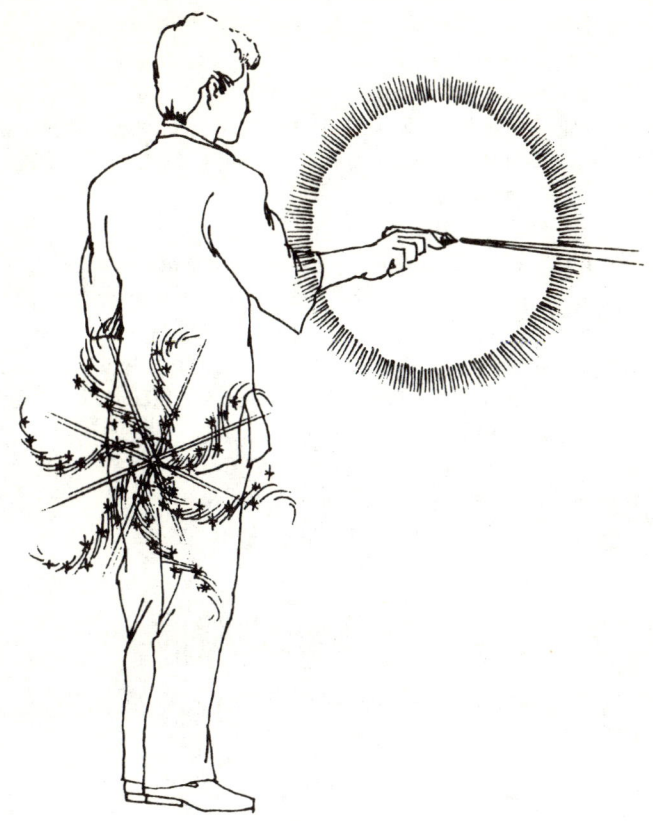

Abb. 5.1 Wie Sie einen Kristall mit der Wurzel-/Handchakra-Technik benutzen

Vorgehen

1. Legen Sie einen Chakra-Aktivator auf die empfangende Hand und einen Laserkristall auf die übertragende Hand.
2. Verbinden Sie Zunge und Gaumen.
3. Gehen Sie mit Ihrer Konzentration oder dem Bewußtsein zur Basis der Wirbelsäule und zu den Fingerspitzen Ihrer projizierenden Hand.

4. Um helles weißlich-rotes Prana herzustellen, projizieren Sie zunächst weißes Prana, indem Sie weißes Licht durch den Laserkristall visualisieren. Fügen Sie im Geiste hellrotes Prana dem weißen Licht bei und vermischen Sie sie miteinander. Visualisieren und projizieren Sie helles weißlich-rotes Prana.
5. Wenden Sie die gleiche Technik an, um helles weißliches Orange und helles weißliches Gelb zu projizieren.
6. Um helles weißlich-orangerotes Prana herzustellen, projizieren Sie weißes Licht, geben dann mental helles Rot an den äußeren Rand des weißen Lichts und helles Orange wiederum an den Rand des weißlichen Rots. Es sollte etwas mehr Hellrot vorhanden sein als Hellorange.
7. Um helles weißlich-orangegelbes Prana zu projizieren, wenden Sie die gleiche Technik an wie bei der Herstellung des hellen weißlich-orangeroten Pranas.

Hals-/Handchakra-Technik

Die Hals-/Handchakra-Technik benutzt das Halschakra als Quelle und das Handchakra zur Übertragung.

Wenn Sie diese Technik anwenden, konzentrieren Sie sich auf das Halschakra und das projizierende Handchakra. Seien Sie sich Ihres Halses bewußt und konzentrieren Sie sich gleichzeitig auf die Fingerspitzen der projizierenden Hand. Visualisieren Sie die gewünschte(n) Pranafarbe(n).

Die Hals-/Handchakra-Technik wird angewandt, um die folgenden Pranafarben mit den entsprechenden Eigenschaften zu projizieren:

1. Grünes Prana – aufspaltend, reinigend
2. Blaues Prana – kühlend, zusammenziehend, mildernd, hemmend, stabilisierend

Kristalle für Heilen mit farbigem Prana

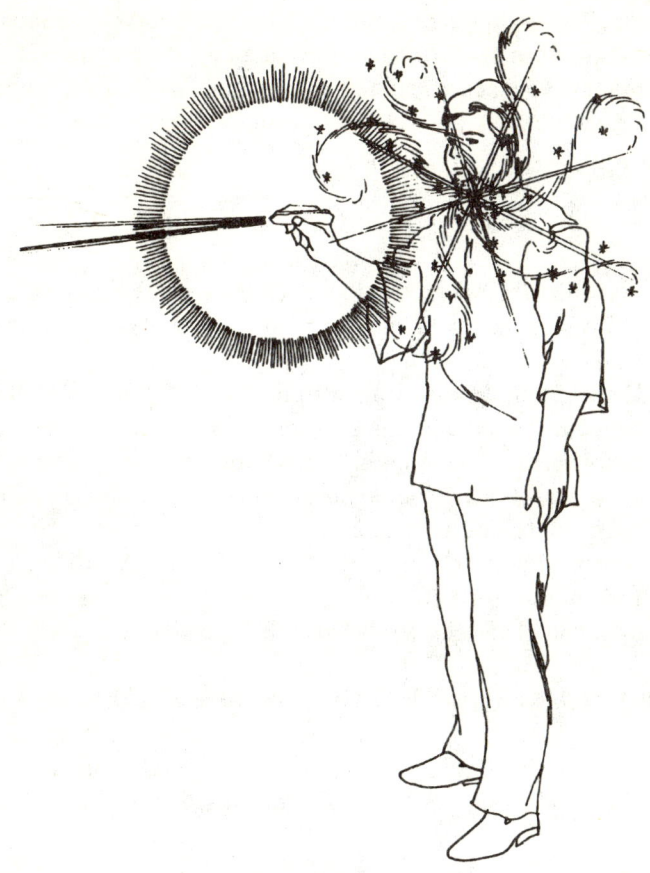

Abb. 5.2 Wie Sie einen Kristall mit der Hals-/Handchakra-Technik benutzen

Vorgehen:

1. Legen Sie einen Chakra-Aktivator auf die empfangende Hand und einen Laserkristall auf die übertragende Hand.
2. Verbinden Sie Zunge und Gaumen.
3. Konzentrieren Sie sich auf Ihren Hals und die Fingerspitzen Ihrer projizierenden Hand.

4. Um helles weißlich-grünes Prana oder helles weißlich-blaues Prana zu projizieren, wenden Sie die gleiche Technik an wie beim Herstellen von hellem weißlich-roten Prana.

Kronen-/Handchakra-Technik

Die Kronen-/Handchakra-Technik benutzt das Kronenchakra als Quellenchakra und das Handchakra als projizierendes Chakra.

Diese Technik wird angewandt, indem Sie sich auf Ihr Kronenchakra und auf das Chakra der projizierenden Hand konzentrieren. Seien Sie sich Ihrer Krone oder des Scheitels bewußt, und konzentrieren Sie sich gleichzeitig auf die Fingerspitzen der übertragenden Hand. Stellen Sie sich die benötigte(n) Pranafarbe(n) vor oder visualisieren Sie diese.

Indem Sie die Kronen-/Handchakra-Technik benutzen, können Sie die folgenden Pranafarben projizieren:

1. Einfaches violettes Prana – regenerierend, aktivierend, es hat die Eigenschaften aller farbigen Pranaenergien
2. Elektrisch-violettes Prana – eigene Intelligenz, ist stärker als das einfache violette Prana
3. Zartgelbes Prana – regenerierend
4. Gold – hat dieselben Eigenschaften wie elektrisch-violettes Prana

Das Kronenchakra enthält einfaches violettes Prana, elektrisch-violettes, goldenes, zartgelbes Prana und andere Pranafarben. Das zartgelbe Prana des Kronenchakras hat eine regenerierende Wirkung, während das tiefgelbe Prana des Wurzelchakras hauptsächlich gebraucht wird, um Knochenbrüche und gerissene Sehnen zu heilen.

Kristalle für Heilen mit farbigem Prana

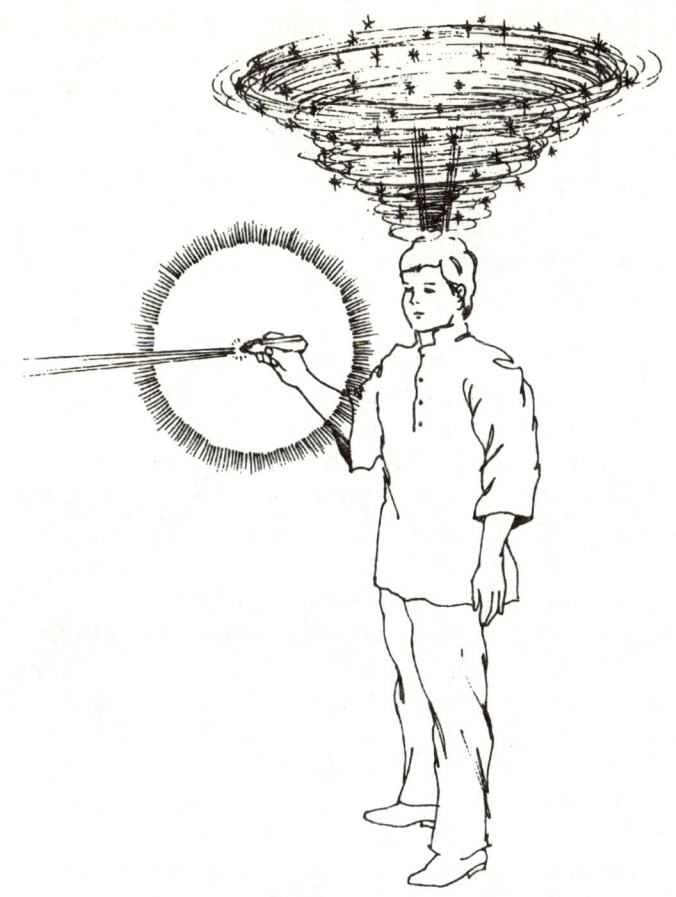

Abb. 5.3 Wie Sie einen Kristall mit der Kronen-/Handchakratechnik benutzen

Vorgehensweise:

1. Legen Sie einen Chakra-Aktivator auf die empfangende Hand und einen Laserkristall auf die übertragende Hand.
2. Verbinden Sie Zunge und Gaumen.
3. Konzentrieren Sie sich auf das Kronenchakra oder das

obere Ende des Kopfes sowie die Fingerspitzen Ihrer projizierenden Hand.
4. Um einfaches helles weißlich-violettes Prana zu produzieren, benutzen Sie die gleiche Technik wie bei der Schaffung von hellem weißlich-roten Prana.
5. Um elektrisch-violettes Prana zu produzieren, projizieren Sie leuchtend weißes Licht und fügen Sie helles Violett am Außenrand hinzu.

Heilen mit farbigem Prana

Der folgende Text ist dem Buch *Die hohe Kunst des Pranaheilens* von Choa Kok Sui entnommen (S. 20–21).

Farbiges Prana wirkt spezifischer und intensiver als weißes Prana. Wenn man farbiges Prana anstelle von weißem Prana zum Heilen einsetzt, ist es, als würde man einen Facharzt anstelle eines Allgemeinmediziners aufsuchen. Vermeiden Sie beim Heilen mit farbigem Prana die Übertragung von dunklem farbigen Prana, da es negative Auswirkungen haben kann. In manchen Fällen bewirkt es das Gegenteil des gewünschten Ergebnisses. So wirkt zum Beispiel hellrotes Prana kräftigend, während dunkelrotes Prana erdrückend wirkt und den betreffenden Körperteil schwächt. *Beim Heilen mit farbigem Prana ist es sicherer und wirkungsvoller, helle Farben oder Pastelltöne zu übertragen.*

Die Wirkung eines hellen Farbpranas kann durch Kombinieren mit weißem Prana weiter abgeschwächt werden. Man kann das projizierte Prana beispielsweise im inneren Kern leuchtend weiß und an der Peripherie hellrot visualisieren, wenn man ein Organ kräftigen möchte. *Es ist besser und sicherer, helles farbiges Prana mit weißem Prana zu kombinieren, da weißes Prana harmonisierend wirkt.*

Die harmonisierende Wirkung des weißen Pranas besteht darin, daß es auch die anderen Farben des Spektrums enthält und einen Überschuß an farbigem Prana von dem behandelten Körperteil abzieht und in andere Körperteile weiterleitet. Im allgemeinen wird man mit der Kombination von etwa 70 Prozent weißem Prana mit etwa 30 Prozent hellem Fabrprana bessere, schnellere und sicherere Ergebnisse erzielen als mit der Verwendung von ausschließlich hellem farbigen Prana, da das weiße Prana auch noch alle anderen zum Heilen benötigten Farben enthält. Der Autor benutzt nur in seltenen Fällen ausschließlich farbiges Prana, um stärkere Heilwirkungen zu erzielen.

Wenn Sie einen Patienten mit farbigem Prana energetisieren, sollten Sie die Hand ein paarmal ausschütteln, bevor Sie mit einem andersfarbigen Prana fortfahren.

Vier Dinge, die Sie beim Arbeiten mit farbigem Prana vermeiden sollten

Die folgende Information ist dem Lehrerhandbuch zum Fortgeschrittenenkurs *Die hohe Kunst des Pranaheilens* von Choa Kok Sui entnommen.

1. Verwenden oder projizieren Sie ganz allgemein keine dunklen Pranafarben. Sie könnten schädliche Wirkungen haben.
2. Orangefarbenes Prana sollte nicht auf die nachstehenden empfindlichen Körperteile oder Organe angewandt werden oder wenn die nachstehenden Zustände vorliegen:
   a) Kopf und Augen: Durch das Projizieren von orangefarbenem Prana auf Kopf und Augen treten Schädigungen des Gehirns und der Augen ein.
   b) Herz: Wird dunkel-orangefarbenes Prana auf das Herz angewandt, so wird es Herzklopfen oder andere Komplikationen verursachen. Helles weißliches Orange sollten nur erfahrene Pranaheiler auf das Herz projizieren.
   c) Milzchakra: Es vermittelt einen leichten Zugang zu

den anderen Chakras, einschließlich der Kopfchakras. Energetisieren Sie daher das Milzchakra nicht mit orangefarbenem Prana.
d) Durchfallerkrankungen oder Unterleibsschmerzen: Im allgemeinen ist es nicht ratsam, orangefarbenes Prana bei Patienten mit diesen Zuständen anzuwenden. Anderenfalls würden sich die Beschwerden verstärken.
e) Schwangere Frauen
f) Sterbende Patienten
3. Projizieren Sie niemals violettes Prana gleichzeitig mit rotem Prana, orangefarbenem oder gelbem Prana. Die Wirkung ist zerstörerisch.
4. Projizieren Sie niemals elektrisch-violettes Prana gleichzeitig mit anderen Pranafarben. Die Wirkung ist zerstörerisch.

Kapitel 6

Wie Sie die Kraft Ihres Kristalls verstärken können

Die Kraft eines Kristalls kann verstärkt werden, indem Sie ihn zusätzlich mit Prana aufladen. Ein aufgeladener Kristall und einer, der nicht aufgeladen wurde, haben beide gleicherweise einen aktivierenden Effekt auf die Chakras. Allerdings ist der aufgeladene Kristall wirkungsvoller. In welchem Sinne wirkungsvoller?

Wenn Sie z. B. jemandem, dessen Wurzelchakra etwa acht bis neun Zentimeter groß ist, auf die empfangende Hand einen nicht aufgeladenen Chakra-Aktivator legen, so kann sein Wurzelchakra auf etwa 12 bis 15 Zentimeter aktiviert werden. Ein aufgeladener Kristall wird das Chakra auf die gleiche Größe aktivieren, aber die Dichte der Pranaenergie in den Chakras, im Energiekörper und in der Aura wird um ein vielfaches stärker sein im Vergleich zur Wirkung eines nicht aufgeladenen Kristalls. Die Intensität der aufgenommenen und projizierten Pranaenergie ist um ein vielfaches gestiegen. Wenn Sie einen aufgeladenen Chakra-Aktivator benutzen, können Sie im Vergleich zum nicht aufgeladenen Kristall viel mehr Pranaenergie einziehen und übertragen. Ein 200 g schwerer Kristall, der aufgeladen wurde, ist viel stärker als ein 400 oder 500 g schwerer, nicht aufgeladener Kristall.

Um die Wirksamkeit eines aufgeladenen Kristalls zu erhalten oder zu erhöhen, ist es notwendig, ihn regelmäßig zu reinigen, denn er wird von der verschmutzten Energie, besonders der seines Trägers, angesteckt. Bei den normalen täglichen Aktivitäten und auch während der Heilbehandlungen mag der Träger manchmal gesunde Gefühle haben,

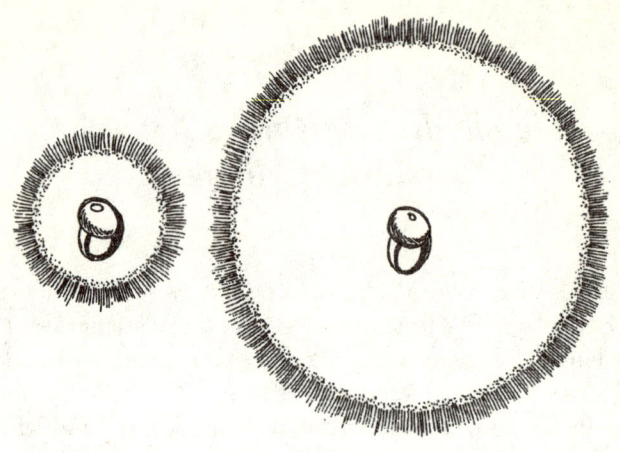

Abb. 6.1 Ein Ring mit einem Kristall vor und nach der Weihung

er wird aber auch eine Menge Streß, Ärger, Irritationen oder andere negative Emotionen erleben. Der Kristall als Kondensator feinstofflicher Energie wird verschiedene Energiearten aufnehmen, einschließlich schmutziger Energie. Die Wirksamkeit eines einmal angesteckten Kristalls ist erheblich reduziert.

Welcher Unterschied besteht zwischen Aufladen und Weihen? Beim Aufladen gibt der Heiler einfach gewöhnliche Pranaenergien in den Stein. Da ein Kristall ein Kondensator feinstofflicher Energien ist, können Sie ihn mit Hilfe von Pranaatmung energetisieren. Ein Kristall hat außerdem Bewußtsein. Sie können ihn daher anweisen, Pranaenergie von der Sonne, aus der Luft und von der Erde aufzunehmen oder mit Hilfe von Naturgeistern.

Weihung hingegen beinhaltet nicht nur das Aufladen des Kristalls mit gewöhnlichen Pranaenergien, sondern auch mit der göttlichen Heilenergie. Das geschieht mit Hilfe der höheren Wesen und mit dem Segen des Höchsten Wesens.

Ist die Macht eines geweihten Kristalls von der eines aufgeladenen Kristalls verschieden? Ein geweihter Kristall ist

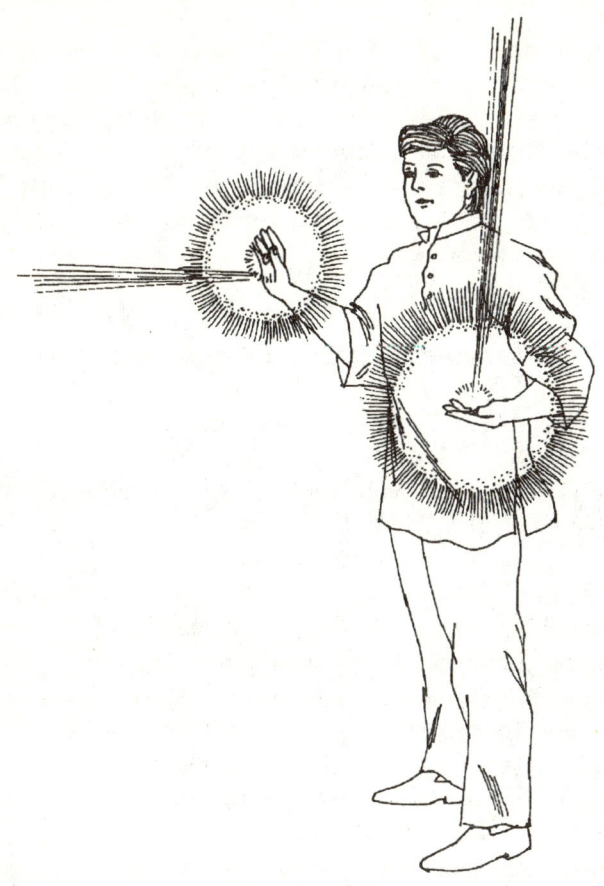

Abb. 6.2 Geweihte Ringe mit Kristallen erhöhen Ihre Heilkraft

stärker als ein aufgeladener Kristall. Der geweihte Kristall erhöht nicht nur die Dichte oder Intensität der Pranaenergie in den Chakras, im Energiekörper und in der Aura. Er verstärkt auch den Aktivierungseffekt des Kristalls auf die Chakras um 30 bis 50 Prozent oder mehr, je nach der spirituellen Entwicklung und der Fähigkeit desjenigen, der den Kristall weiht.

Ein kleiner Kristall von nur wenigen Gramm Gewicht kann in einen kraftvollen Chakra-Aktivator verwandelt werden, indem man ihn sorgfältig weiht. Er kann dann sogar stärker sein als ein 150 g schwerer Quarzkristall, der nicht mit Prana aufgeladen wurde. Wird er ordnungsgemäß geweiht, so kann ein kleiner Kristall als Ring oder als Anhänger getragen werden, um die Heilkraft seines Trägers umgehend zu erhöhen.

Aufladen eines Kristalls durch Pranaatmung

Sie können einen Kristall auch mit Hilfe von Pranaatmung aufladen. Diese Methode ist für die Menschen gedacht, die nicht an die Existenz von Naturgeistern, Engeln und höheren Wesen glauben.

1. Reinigen Sie Ihren Kristall gründlich mit der Salzlösungstechnik und elektrisch-violettem Licht.
2. Führen Sie fünf Zyklen Pranaatmung aus.
3. Wenden Sie Ihre Handflächen dem Kristall zu. Fahren Sie mit der Pranaatmung etwa 20 Atemzyklen lang fort, und laden Sie den Kristall mit Pranaenergie auf.
4. Weisen Sie den Kristall gleichzeitig an, die Pranaenergie, die Sie produzieren, aufzunehmen.
5. Stabilisieren Sie die projizierte Pranaenergie.

Aufladen eines Kristalls mit Sonnen-, Luft- und Erdprana

Sie können die Macht eines aufgeladenen Kristalls weiter erhöhen, indem Sie ihn anweisen, Pranaenergie von der Sonne, aus der Luft und von der Erde zu absorbieren. Suchen Sie einen sauberen Ort, an dem der Kristall mehrere Stunden verbleiben kann, ohne gestört oder gestohlen zu

Die Kraft Ihres Kristalls verstärken

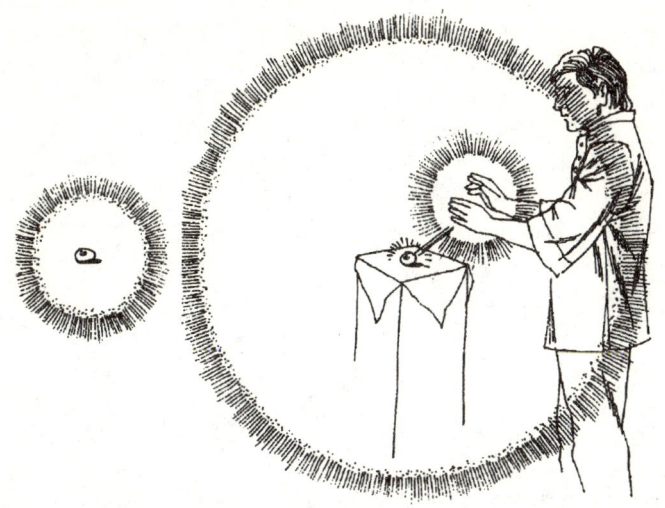

Abb. 6.3 Ein Kristall vor und nach dem Aufladen mit Pranaatmung

werden. Vorzugsweise sollten nur wenige oder gar keine Leute in der Nähe dieses Platzes sein, da der Kristall sonst bei der Aufnahme von Pranaenergie mit den Menschen konkurrieren könnte.

Vorgehensweise:

1. Nachdem Sie den Kristall aufgeladen haben, können Sie seine Kraft weiter erhöhen, indem Sie ihn mental oder verbal anweisen, Pranaenergie von der Sonne, aus der Luft und von der Erde aufzunehmen und damit fortzufahren, bis er die Anweisung erhält aufzuhören.
2. Der Kristall muß der Sonne ausgesetzt werden und sollte möglichst Erde oder Gras berühren. Vergewissern Sie sich, daß sich in der Erde darunter keine Klärgrube befindet. Sie möchten schließlich nicht, daß Ihr Kristall mit sehr schmutziger Energie in Berührung kommt.

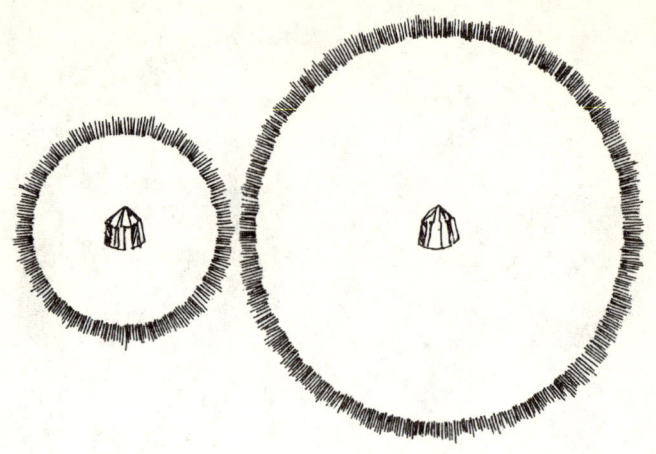

Abb. 6.4 Ein Chakra-Aktivator vor und nach dem Weihen

3. Sie können Ihren Kristall morgens programmieren und sehr viel später an den Ort zurückkehren. Sobald der Kristall sich sehr stark aufgeladen hat, geben Sie ihm die Anweisung, mit dem Absorbieren von Pranaenergie aufzuhören.
4. Stabilisieren Sie den aufgeladenen Kristall.

Bitte beachten Sie:
Der aufgeladene Kristall muß regelmäßig gereinigt und wieder aufgeladen werden, um seine Stärke zu erhalten oder zu erhöhen. Je nach Häufigkeit seines Gebrauchs kann es ausreichen, ihn einmal monatlich oder alle drei Monate zu reinigen und wieder aufzuladen.

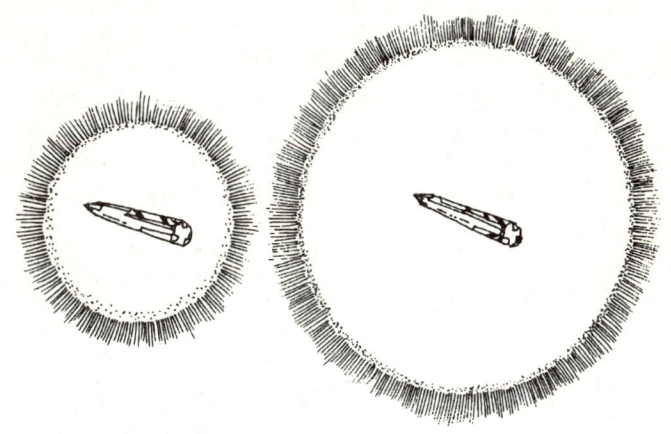

Abb. 6.5 Ein Laserkristall vor und nach dem Weihen

Weihen: Aufladen und Programmieren von Kristallen im Freien

Einen Kristall zu weihen ist wirkungsvoller als Pranaatmung zu benutzen oder den Kristall anzuweisen, sich selbst mit Pranaenergie aufzuladen. Kristalle weiht man am besten an einem sauberen Ort im Freien, da sie so auch Pranaenergie von der Sonne, der Luft und der Erde aufnehmen werden.

Grundvoraussetzung ist, daß derjenige, der die Weihung vornehmen möchte, an Gott oder an das Höchste Wesen des Universums glaubt, an die höheren Wesen, die heiligen Engel, die Lichtwesen und an die Naturgeister.

Bevor Sie Ihre Kristalle weihen können, müssen diese gründlich gereinigt sein. In alten christlichen Ritualen wurde das Reinigen Exorzismus genannt. Aus diesem Grund stoßen Sie, wenn Sie die christlichen Manuskripte oder Bücher über Rituale studieren, auf Diskussionen über den Exorzismus bei den für die heilige Handlung benutzten Gegenständen. Exorzismus bedeutet dem eigentlichen Wortsinn nach einfach, eine Substanz von verschmutzter Energie zu reinigen, von negativen Wesen, negativen Gedankeneinheiten, negativen psychischen Eindrücken, früheren psychischen Eindrücken und früheren Programmen. »Reinigen« ist ein moderner Ausdruck für das vielfach mißverstandene und überholte Wort »Exorzismus«.

Teil 1
Erbitten der Hilfe des Höchsten Wesens

Legen Sie die Kristalle auf den Boden und erbitten Sie göttlichen Segen von Gott oder dem Höchsten Wesen:

An das Höchste Wesen:

wir danken Dir, daß Du diesen Kristall mit Deinem göttlichen Segen, Deiner göttlichen Liebe und Gnade erfüllst, mit Deiner göttlichen Heilenergie und Heilkraft. In Dankbarkeit und voller Vertrauen.

Sagen Sie den Kristallen:

Nehmt den Segen und die Pranaenergie auf, – jetzt.

Warten Sie einige Minuten, dann fahren Sie mit Teil 2 fort.

Teil 2
Erbitten der Hilfe der höheren

Der zweite Schritt beim Aufladen Ihrer Kristalle geschieht, indem Sie die Hilfe der heilenden Engel, der heilenden Helfer und der anderen heiligen Wesen anrufen:

An die heiligen Meister, heiligen Führer, die heilenden Engel, heilenden Helfer, Lichtwesen und alle großen Wesen,
wir danken euch, daß Ihr diese Kristalle mit göttlichem Segen, mit göttlicher Liebe, göttlicher Barmherzigkeit und göttlicher Heilkraft erfüllt.
In Dankbarkeit und voller Vertrauen.

Weisen Sie die Kristalle an:

Nehmt den Segen und die Pranaenergie auf, – jetzt.

Warten Sie einige Minuten, bevor Sie zu Teil 3 übergehen.

Teil 3
Aufladen mit Sonne, Luft und Erdprana

Teil 3 beinhaltet das Aufladen der Krisalle mit Pranaenergie der Sonne, der Luft und der Erde:

An die Naturwesen und die Engel der Sonne, der Luft und der Erde,
wir danken euch, daß ihr diese Kristalle mit Sonnenprana, Luftprana und Erdprana anfüllt. In Dankbarkeit und voller Vertrauen.

Weisen Sie die Kristalle an:

Absorbiert und speichert die Pranaenergie der Sonne, der Luft und der Erde, jetzt. Nehmt nur saubere, gesunde Pranaenergie auf. Fahrt fort, sie aufzunehmen, bis ihr angewiesen werdet aufzuhören.

Warten Sie einige Minuten, bevor Sie zu Teil 4 übergehen.

Teil 4
Automatisches Wiederaufladen

Um Kristalle automatisch wieder aufzuladen, weisen Sie sie an, von den heilenden Engeln, den heilenden Helfern, den Lichtwesen und den großen Wesen Pranaenergien einzuziehen, wenn diese zum Heilen gebraucht werden. Wenn Sie einen Laserkristall verwenden, so weisen Sie ihn an, die Pranaenergie, die er projiziert, automatisch wieder aufzufüllen.

Es ist sehr wichtig, den Kristallen die richtigen Anweisungen zu geben. Sagen Sie ihnen nicht nur einfach, sie sollen Pranaenergie aus der Umgebung aufnehmen. Wenn sie eine derartige Anweisung geben, werden die Kristalle vielleicht sogar Pranaenergie von Menschen absorbieren oder abziehen, die sich in der Umgebung aufhalten. Das könnte ernste gesundheitliche Probleme bei denen, die dort leben, hervorrufen. Dies gilt auch für Tiere und Pflanzen. Wenn Sie den Kristallen Anweisungen geben, so nennen Sie nicht die Namen einzelner spiritueller Führer, es sei denn, diese haben Ihnen ihre Erlaubnis gegeben. Sonst ist es ethisch nicht vertretbar, ihre Namen zu benutzen.

Sagen Sie Ihren Kristallen mental:

> *Ihr werdet jedesmal, wenn ihr zum Heilen benutzt werdet, automatisch Pranaenergie von den berufenen heilenden Engeln, den heilenden Helfern, den Lichtwesen und den großen Wesen einziehen. So sei es. So sei es. So sei es.*

Es ist wichtig, daß Sie Ihren Kristall sauberhalten. Wenn er sauber ist, kann er weiterhin Pranaenergie aufnehmen und sich gleichzeitig automatisch wieder aufladen.

Teil 5
Dankbarkeit ausdrücken

Nachdem die Kristalle geweiht sind, ist es wichtig, Dank zu sagen.

An das Höchste Wesen oder Gott,

> *wir danken Dir erneut für Deinen Segen. In Dankbarkeit und voller Vertrauen.*

An die heilenden Engel, die heilenden Helfer, die Lichtwesen und die großen Wesen,

> *wir danken euch erneut für den göttlichen Segen. In Dankbarkeit und voller Vertrauen.*

An die Engel und Naturgeister der Sonne, der Luft und der Erde,

> *wir danken euch erneut für den göttlichen Segen. In Dankbarkeit und voller Vertrauen.*

Teil 6
Die Weihung abschließen

1. Weisen Sie die Kristalle mental oder verbal an, wie folgt: »Hört jetzt auf, noch mehr Energie zu absorbieren. So sei es.«
2. Stabilisieren Sie die aufgenommene Energie, indem Sie diese im Geiste mit hellem Blau »anmalen«.
3. Wenn sie nicht benutzt werden, wickeln Sie die geweihten Kristalle in ein seidenes Tuch ein.

Wie der geweihte Kristall eingesetzt wird

1. Sprechen Sie ein kurzes Gebet, benutzen Sie Ihre eigenen Worte, um göttlichen Segen und göttliche Heilung zu erbitten, oder sprechen Sie das in Kapitel 4 genannte Gebet.
2. Ist der Patient religiös oder geistig aufgeschlossen, so bitten Sie auch ihn oder sie, ein kurzes Gebet zu sprechen. Dadurch wird die Heilung wirkungsvoller.
3. Verbinden Sie Zunge und Gaumen.
4. Sie können mit dem Chakra-Aktivator auf der empfangenden Hand arbeiten und mit dem geweihten Laserkristall auf der projizierenden Hand. Oder aber Sie benutzen nur den geweihten Laserkristall. Halten Sie den geweihten Laserkristall zwischen Daumen, Zeige- und Mittelfinger, so daß das empfangende Ende außerhalb Ihrer Handfläche bleibt, damit der Kristall von den heilenden Engeln, den heilenden Helfern, den Lichtwesen und den großen Wesen mühelos die Pranaenergie aufnehmen kann.

Sie können den geweihten Kristall auch benutzen, um farbige Pranaenergien zu projizieren. Wenn Sie einen

stark aufgeladenen oder ordnungsgemäß geweihten Kristall einsetzen, sollten Sie nicht zu viel Willen aufbringen, während Sie heilen. Seien Sie freundlich zu Ihren Patienten und überenergetisieren Sie diese nicht.
5. Stabilisieren Sie und trennen Sie die ätherische Verbindung zwischen sich und dem Patienten.
6. Sprechen Sie ein kurzes Dankgebet.
7. Weisen Sie den Patienten an, ebenfalls ein kurzes Dankgebet zu sprechen.
8. Reinigen Sie den Kristall mit Wasser und Salz.

Kapitel 7

Weiteres über Pranaheilen mit Kristallen

Beim Studium der esoterischen Wissenschaften ist ein kritisches Urteilsvermögen notwendig. Akzeptieren Sie nicht alles blindlings, weil das zu Verwirrung führen kann.

Kristallpendel

Es gibt zweifellos viele gute Bücher über Kristallheilen. Sie sind informativ und praktisch. Manche Bücher über Heilen mit Kristallen enthalten jedoch viele fragwürdige Lehren. Nehmen wir z. B. ein Kristallpendel. Einige Heiler benutzen das Kristallpendel zum Diagnostizieren und Heilen. Sie glauben, daß das Kristallpendel sich entgegen dem Uhrzeigersinn bewegt, wenn etwas mit dem Chakra nicht in Ordnung ist, und zwar so lange, bis das Chakra sich normalisiert hat. Bewegt sich der Kristall im Uhrzeigersinn, nehmen sie an, das Chakra arbeite ordnungsgemäß. Das kann stimmen, aber auch nicht.

Jemand mit Erfahrung im Pranaheilen wird verstehen, daß das Kristallpendel das betroffene Chakra reinigt oder kranke Energie herauszieht, wenn es sich gegen den Uhrzeigersinn dreht. Hellsichtig beobachtet zeigt sich, daß das Chakra sich überwiegend gegen den Uhrzeigersinn dreht und bei diesem Vorgang schmutzige Energie zum Kristallpendel hin ausstößt. Dreht sich der Kristall dagegen im Uhrzeigersinn, so wird sich das Chakra im Uhrzeigersinn drehen und dabei Pranaenergie von der Umgebung, vom verschmutzten Kristall und vom Heiler aufnehmen.

Die Bewegung des Kristallpendels im Uhrzeigersinn hat eine energetisierende Wirkung, während die Bewegung entgegen dem Uhrzeigersinn einen reinigenden Effekt hat. Die Vorstellung, die Bewegung des Kristallpendels im Uhrzeigersinn sei ein Anzeichen dafür, daß das Chakra normal arbeite und bei einer dem Uhrzeigersinn entgegengesetzten Bewegung nicht normal, ist daher zweifelhaft.

Sie können jedoch ohne weiteres ein Kristallpendel benutzen, um einen Patienten zu heilen. Bitten Sie den Patienten, sich hinzulegen, dann bewegen Sie das Pendel entgegen dem Uhrzeigersinn mit dem Willen, daß der Kristall die verschmutzte Energie aufnimmt, herauszieht, auflöst und ausstößt. Was machen Sie, wenn Sie energetisieren möchten? Benutzen Sie ein sauberes, aufgeladenes Pendel und bewegen Sie es im Uhrzeigersinn, um das Chakra zu energetisieren. Warum jedoch sollten Sie ein Pendel benutzen, wenn es einfacher ist, einen aufgeladenen Laserkristall zu benutzen.

Schmuck: Psychische Imprägnierung

In einigen Ländern ist es allgemein Brauch bei Eltern oder Großeltern, Schmuck oder einzelne Schmuckstücke an ihre Kinder weiterzugeben. Das ist gut, Sie müssen jedoch bedenken, daß ein Schmuckstück, das lange einer anderen Person gehört hat, mit gewissen Qualitäten oder Energien imprägniert worden ist, die der Gesundheit nicht zuträglich sein können. Bevor Sie es tragen, müssen Sie daher das Schmuckstück mit Hilfe von Wasser oder Alkohol und elektrisch-violettem Licht reinigen.

Eine Patientin, die es gewohnt war, einen Ring zu tragen, den ihre Mutter ihr geschenkt hatte, litt unter physischen und psychischen Beschwerden. Die Mutter hatte diesen Ring getragen, als sie an Krebs litt und starb. Der Ring war natürlich mit vielen Schmerzen imprägniert, mit psychischen Störungen, mit Depression und Pessimismus. Daher wurde die Tochter psychisch unausgeglichen und körperlich krank. Nachdem der Ring von ihrem Finger abgezogen wurde, fühlte sie unmittelbar eine teilweise Erleichterung.

Wenn Sie Schmuck kaufen, müssen Sie daran denken, von wievielen Leuten er berührt worden ist und dementsprechend mit ungesunden Gedanken und unreiner Energie imprägniert wurde. Sie müssen ihn daher mit Wasser oder Alkohol und elektrisch-violettem Licht reinigen. Eine Salzwasserlösung ist nicht anzuraten, da diese den wertvollen Stein schädigen könnte.

Auflegen geweihter Kristalle

Anstatt sich überflüssige Arbeit zu machen, kann der Heiler den Patienten einfach bitten, sich hinzulegen und verschiedene geweihte Kristalle auf den betroffenen Körperteilen oder Chakras plazieren bzw. auf den ganzen Körper legen. Weisen Sie die Kristalle an, die betroffenen Chakras und Organe zu reinigen und zu energetisieren und auch den gesamten Körper zu energetisieren.

Legen Sie einen geweihten Kristall nicht auf den vorderen Herzbereich. Das kann zu einer Pranaenergie-Stauung im Herzen führen, die ihrerseits Herzklopfen oder Brustschmerzen verursachen kann. Legen Sie den Kristall auf die Rückseite des Herzens.

Sie können zum Auflegen Kristalle in der Form von Kieselsteinen benutzen. Sie sind relativ kostengünstig. Klarer Quarzkristall, Rosenquarz und andere farbige Kristalle können zum Auflegen benutzt werden. Klarer Quarzkristall, Rosenquarz und grüner Kristall sind relativ sicher und einfacher zu handhaben. Wenn Sie andersfarbige Kristalle verwenden möchten, so ist es besser, Kenntnisse im fortgeschrittenen Pranaheilen zu haben.

Wenn Sie geweihte Kristalle bei einem Patienten auflegen, so ist es ratsam, regelmäßig Rücksprache zu halten.

Weiteres über Pranaheilen mit Kristallen

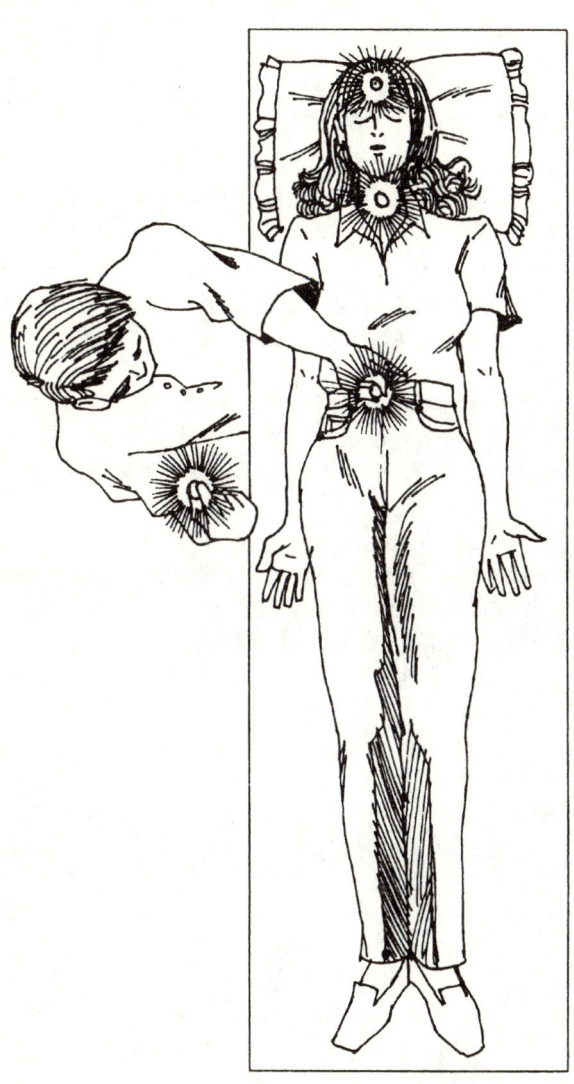

Abb. 7.1 Auflegen geweihter Kristalle

Bitten Sie ihn, seine Gefühle zu beschreiben und Ihnen jede ungewöhnliche Empfindung oder Erfahrung mitzuteilen. Arbeiten Sie mit Vorsicht.

Wie Sie beim Auflegen geweihter Kristalle vorgehen

Schwangeren Frauen sollten Sie keine geweihten Kristalle auflegen. Kinder haben kleine Chakras; ganz allgemein ist es nicht ratsam, ihnen geweihte Kristalle aufzulegen.

1. Lassen Sie den Patienten sich hinlegen und bitten Sie ihn, sich zu entspannen.
2. Weisen Sie den Patienten an, Zunge und Gaumen zu verbinden.
3. Zünden Sie Sandelholz-Räucherwerk an. Dies geschieht, um die kranke Energie, die vom Patienten ausgestoßen wird, weiter aufzulösen. Sorgen Sie dafür, daß der Raum relativ groß und gut durchlüftet ist.
4. Bitten Sie um göttlichen Segen. Sie können das in Kapitel 4 genannte Gebet benutzen.
5. Legen Sie einen klaren Quarzkristall oder einen grünen Kristall auf die Rückseite des Herzens. Weisen Sie den Kristall an, die schmutzige Energie aus dem vorderen und rückwärtigen Herzchakra, dem physischen Herzen und aus den Lungen herauszuziehen. Weisen Sie den Kristall an, gleichzeitig das vordere und rückwärtige Herzchakra zu energetisieren, ebenso das physische Herz, die Lungen und den ganzen Körper, so lange bis er angewiesen wird aufzuhören.

Es ist ratsam, einen grünen Kristall für die Rückseite des Herzens zu benutzen, da dieser einen reinigenden und auflösenden Effekt hat. Wenn z.B. das Herz eines Menschen teilweise blockiert ist, dann kann die kranke

Energie, die die Herzarterien verstopft, schrittweise mit Hilfe eines grünen Kristalls aufgelöst werden.

6. Legen Sie einen klaren Quarzkristall, einen Rosenquarz oder einen grünen Kristall auf das Solarplexuschakra. Weisen Sie den Kristall an, die schmutzigen und kranken Energien aus dem Solarplexuschakra herauszuziehen, aufzunehmen, sie aufzulösen und auszustoßen. Weisen Sie den Kristall an, gleichzeitig das Solarplexuschakra und den ganzen Körper zu energetisieren.

7. Legen Sie einen klaren Quarzkristall, einen Amethyst oder einen grünen Kristall auf das Kronenchakra. Weisen Sie den Kristall an, die schmutzigen und kranken Energien aus dem Kronenchakra, dem Gehirn und der Zirbeldrüse herauszuziehen, aufzunehmen, sie aufzulösen und wieder auszustoßen und gleichzeitig die Krone, das Gehirn, die Zirbeldrüse und den ganzen Körper zu energetisieren.

8. Legen Sie einen klaren Quarzkristall, einen Amethyst oder einen grünen Kristall auf das Stirnchakra. Weisen Sie den Kristall an, die schmutzigen und kranken Energien aus dem Stirnchakra, der Zirbeldrüse und dem Nervensystem herauszuziehen, aufzunehmen, sie aufzulösen und wieder auszustoßen. Weisen Sie den Kristall an, gleichzeitig das Stirnchakra, die Zirbeldrüse und das Nervensystem sowie den ganzen Körper zu energetisieren.

9. Legen Sie einen klaren Quarzkristall, einen Amethyst oder einen grünen Kristall auf das Ajnachakra. Weisen Sie den Kristall an, die schmutzigen und kranken Energien aus dem Ajnachakra, der Nase und der Hirnanhangdrüse herauszuziehen, aufzunehmen, sie aufzulösen und wieder auszustoßen und gleichzeitig das Ajnachakra, die Hirnanhangdrüse, die endokrinen Drüsen und den ganzen Körper zu energetisieren.

10. Legen Sie einen klaren Quarzkristall, einen Rosenquarz oder einen grünen Kristall auf das Halschakra. Weisen

Sie den Kristall an, die schmutzigen und kranken Energien aus dem Halschakra, der Schilddrüse, der Luftröhre und der Speiseröhre herauszuziehen, aufzunehmen, sie aufzulösen und wieder auszustoßen und gleichzeitig das Halschakra, die Schilddrüse, die Luftröhre und die Speiseröhre sowie den ganzen Körper zu energetisieren.

11. Legen Sie einen klaren Quarzkristall auf das Nabelchakra. Weisen Sie den Kristall an, die schmutzigen und kranken Energien aus dem Nabelchakra, dem Dünndarm und dem Dickdarm herauszuziehen, aufzunehmen, sie aufzulösen und wieder auszustoßen. Weisen Sie den Kristall an, gleichzeitig das Nabelchakra, den Dünndarm, den Dickdarm und den ganzen Körper zu energetisieren.

12. Wenn das Milzchakra sehr schmutzig ist, können Sie einen geweihten klaren Quarzkristall auch auf das rückwärtige Milzchakra legen. Weisen Sie den Kristall an, die schmutzigen und kranken Energien aus dem Milzchakra und der physischen Milz herauszuziehen, aufzunehmen, sie aufzulösen und wieder auszustoßen und gleichzeitig das Milzchakra und den ganzen Körper sanft zu energetisieren. Seien Sie vorsichtig.

13. Legen Sie einen klaren Quarzkristall oder grünen Kristall auf das Sexualchakra. Weisen Sie den Kristall an, die schmutzigen und kranken Energien aus dem Sexualchakra, den Sexualorganen und den Nieren herauszuziehen, aufzunehmen, sie aufzulösen und wieder auszustoßen und gleichzeitig das Sexualchakra, die Sexualorgane und die Nieren sowie den ganzen Körper zu energetisieren.

14. Legen Sie einen klaren Quarzkristall zwischen die Beine in die Nähe des Wurzelchakras. Weisen Sie den Kristall an, aus dem Wurzelchakra und dem ganzen Körper die schmutzigen und kranken Energien herauszuziehen, aufzunehmen, sie aufzulösen und wieder auszustoßen.

Weisen Sie ihn an, gleichzeitig das Wurzelchakra und den ganzen Körper zu energetisieren.
15. Legen Sie je einen klaren Quarzkristall auf die Achselhöhlen. Weisen Sie die Kristalle an, aus beiden Achselhöhlen und dem ganzen Körper die schmutzigen und kranken Energien herauszuziehen, aufzunehmen, sie aufzulösen und wieder auszustoßen. Weisen Sie die Kristalle an, gleichzeitig die Achselhöhlen und den ganzen Körper zu energetisieren.
16. Legen Sie je einen klaren Quarzkristall unter die Ellbogen. Weisen Sie die Kristalle an, aus den Ellenbogen und dem ganzen Körper die schmutzigen und kranken Energien herauszuziehen, aufzunehmen, sie aufzulösen und wieder auszustoßen. Weisen Sie sie an, gleichzeitig beide Ellenbogen und den ganzen Körper zu energetisieren.
17. Legen Sie je einen klaren Quarzkristall auf die Hände. Weisen Sie die Kristalle an, aus beiden Händen und dem ganzen Körper die schmutzigen und kranken Energien herauszuziehen, aufzunehmen, sie aufzulösen und wieder auszustoßen. Weisen Sie die Kristalle an, gleichzeitig die Hände und den ganzen Körper zu energetisieren.
18. Plazieren Sie je einen klaren Quarzkristall seitlich der Hüften. Weisen Sie die Kristalle an, aus den Hüften die schmutzigen und kranken Energien herauszuziehen, aufzunehmen, sie aufzulösen und wieder auszustoßen. Weisen Sie die Kristalle an, gleichzeitig die Hüften und den ganzen Körper zu energetisieren.
19. Legen Sie je einen klaren Quarzkristall unter die Rückseite der Knie. Weisen Sie die Kristalle an, aus der Rückseite beider Knie und dem ganzen Körper die schmutzigen und kranken Energien herauszuziehen, aufzunehmen, sie aufzulösen und wieder auszustoßen. Weisen Sie ihn an, gleichzeitig die Knie und den ganzen Körper zu energetisieren.

20. Legen Sie einen klaren Quarzkristall auf jede Fußsohle. Weisen Sie sie an, aus beiden Fußsohlen und dem ganzen Körper die schmutzigen und kranken Energien herauszuziehen, aufzunehmen, sie aufzulösen und wieder auszustoßen. Weisen Sie die Kristalle an, gleichzeitig die Fußsohlen und den ganzen Körper zu energetisieren.

Lassen Sie den Patienten sich für etwa 20 Minuten oder länger hinlegen. In den meisten Fällen wird der Patient eine recht kraftvolle oder dramatische Erfahrung machen. Sollte der Patient etwas Unangenehmes erleben, so nehmen Sie die Kristalle sofort weg. Weisen Sie sie an, *jetzt* das Reinigen und Energetisieren zu stoppen, und legen Sie sie in eine Salzlösung.

Abschließend nehmen Sie alle Kristalle fort und sagen ihnen, mit dem Reinigen und Energetisieren aufzuhören. Legen Sie sie in eine Salzlösung. Weisen Sie sie an, die ganzen aufgenommenen schmutzigen und kranken Energien in die Salzlösung abzugeben.

Eigenschaften von farbigen Kristallen

Lassen Sie uns über farbige Kristalle sprechen. Die Farbe eines Kristalls prägt in wesentlichem Maße die farbige Pranaenergie, die aus ihm austritt. Die von einem roten Kristall projizierte Energie ist hellrot. Bei Amethysten handelt es sich um violettes Prana. Rosenquarz gibt rosa Prana ab, während aus einem klaren Quarz weißes Prana austritt. Sie können jedoch auch andere Farben mit Hilfe eines klaren Kristalls projizieren, je nachdem, welche Farbe sie benötigen. Wenn Sie allerdings eine bestimmte Farbe wie Grün möchten, so benutzen Sie einen grünen Kristall.

Die Eigenschaften von farbigen Kristallen entsprechen den Eigenschaften der verschiedenen Farbprana-Energien.

Um farbige Kristalle richtig zu benutzen, ist es notwendig, gute Kenntnisse im fortgeschrittenen Pranaheilen zu haben.

Nachstehend sind die physischen und psychischen Eigenschaften von farbigen Kristallen aufgeführt:

Farben	Physische Eigenschaften	Psychische Eigenschaften
Rot	warm und stärkend	Tapferkeit, Mut, dynamische Aktivität, Aggressivität u. a.
Orange	austreibend (Schwitzen, Urinieren, Durchfall, Reinigung)	Enthusiasmus, Fanatismus, u. a.
Gelb	festigend	höhere geistige Aktivität
Grün	aufspaltend, verdauend	Takt, Diplomatie
Blau	kühlend und hemmend	niedere geistige Aktivität oder konkretes Denken
Violett	hat die Eigenschaften aller vorstehenden Farben	Spiritualität
Rosa	anziehend, mildernd und harmonisierend	Liebe

Ringe oder Anhänger mit farbigen Kristallen können benutzt werden, um auf die Stimmung eines Menschen einzuwirken. Wenn Sie einen depressiven oder ängstlichen Patienten haben, bitten Sie ihn, einen roten oder pfirsichfarbenen Stein im Ring oder als Anhänger zu tragen. Wenn Sie jemandem Ruhe verschaffen möchten, raten Sie ihm oder ihr, einen Rosenquarz-Anhänger oder einen blauen Kristall zu tragen. Der Stein oder Kristall muß jedoch vor dem Tragen gründlich gereinigt werden. Der betreffende Stein kann aufgeladen und programmiert werden, um seine Kraft zu verstärken.

Außer ihrer Funktion beim Heilen haben Kristalle viele Anwendungsmöglichkeiten auf praktischem und esoterischem Gebiet. Der Autor zieht ernstlich in Betracht, ein weiteres Buch über Kristalle zu schreiben.

Ich hoffe, Sie haben dieses Buch mit Freude gelesen und davon profitiert. Ihnen allen meine besten Wünsche. Möge Gott jeden von Ihnen mit Frieden segnen, mit Glück und Zufriedenheit, mit Klarheit des Geistes, guter Gesundheit, mit Wohlstand und Spiritualität.

Anhang 1

Sensibilisierung der Hände

Der folgende Text ist dem Buch *Grundlagen des Pranaheilens* von Choa Kok Sui (S. 50) entnommen.

Da es sehr viel Zeit erfordert, bis man in der Lage ist, die Aura zu sehen, sollte zumindest versucht werden, die Hände für das bioplasmatische Energiefeld oder die innere Aura zu sensibilisieren. So können Sie feststellen, in welchem Bereich des bioplasmatischen Körpers Ihres Patienten ein Pranamangel besteht oder wo eine Pranastauung vorliegt.

Vorgehen:

1. Halten Sie Ihre Hände im Abstand von etwa sieben bis acht Zentimetern gegeneinander. Verkrampfen Sie sich nicht, bleiben Sie ganz entspannt.
2. Konzentrieren Sie sich fünf bis zehn Minuten darauf, die Mitte Ihrer Handflächen zu fühlen, aber bleiben Sie sich gleichzeitig Ihrer ganzen Hände bewußt. Atmen Sie während dieser Zeit rhythmisch ein und aus. Die Konzentrationsfähigkeit erhöht sich, wenn Sie die Daumen der einen Hand fest in die Mitte der anderen Handfläche drücken, bevor Sie mit der Übung beginnen. Durch die Konzentration auf die Mitte der Handflächen werden die Handchakras aktiviert. Dadurch wiederum werden die Hände sensibilisiert und in die Lage versetzt, feinstoffliche Energie oder Materie zu fühlen.

Achtzig bis neunzig Prozent der Leser werden schon beim

Abb. 8.1 Sensibilisierung der Hände

ersten Versuch ein Prickeln oder Kribbeln, Wärme, Druck oder ein rhythmisches Pulsieren zwischen den Handflächen empfinden. Es ist wichtig, diesen Druck oder das rhythmische Pulsieren tatsächlich zu spüren.
3. Nach dem Sensibilisieren Ihrer Hände gehen Sie sofort zum Scannen über.

4. Üben Sie das Sensibilisieren Ihrer Hände etwa einen Monat lang. Im allgemeinen werden Ihre Hände nach einmonatiger Übung mehr oder weniger ständig sensibilisiert sein.
5. Verlieren Sie nicht den Mut, wenn Sie beim ersten Versuch nichts fühlen. Setzen Sie die Übungen fort; es ist anzunehmen, daß Sie diese feinstofflichen Empfindungen etwa beim vierten Versuch fühlen werden. Sehr wichtig ist dabei, geistig offen zu bleiben und sich richtig zu konzentrieren.

Anhang 2

Scanning der inneren Aura

Auch der folgende Text ist dem Buch *Grundlagen des Pranaheilens* von Choa Kok Sui (S. 52–55) entnommen.

Vorgehen beim Scanning der inneren Aura

1. Um die innere Aura mit einer Hand oder mit beiden Händen zu erspüren, halten Sie Ihre Hand oder die Hände etwa dreißig Zentimeter vom Körper des Patienten entfernt. Gehen Sie schrittweise auf den Patienten zu. Bewegen Sie die Hände ein wenig vor und zurück bis Sie die innere Aura fühlen. Die innere Aura ist gewöhnlich etwa zwölf Zentimeter dick. Konzentrieren Sie sich beim Scannen auf die Mitte der Handfläche. Dadurch bleiben oder werden die Handchakras weiter aktiviert, und die Hände werden sensibel für feinstoffliche Energie oder Materie.
2. Tasten Sie den ganzen Körper ab, vom Kopf bis zu den Füßen und von vorn nach hinten. Tasten Sie die linke Seite und die rechte Seite ab. Überprüfen Sie beispielsweise das linke und das rechte Ohr oder den rechten und den linken Lungenflügel. Beim Abscannen der inneren Aura der rechten und der linken Körperhälfte sollte man jeweils etwa den gleichen Umfang wahrnehmen. Ist die eine Hälfte größer oder kleiner als die andere, stimmt etwas nicht. Beim Scanning der Ohren eines Patienten fand man beispielsweise, daß die innere Aura des linken Ohres eine Stärke von etwa zwölf Zentimetern hatte,

Abb. 8.2 Scannen der inneren Aura mit den Händen

während die innere Aura des rechten Ohres nur etwa fünf Zentimeter maß. Der Patient gab auf Befragen an, daß sein rechtes Ohr schon seit siebzehn Jahren teilweise taub sei.
3. Besondere Aufmerksamkeit sollten den Hauptchakras, den lebenswichtigen Organen und der Wirbelsäule gewidmet werden. In vielen Fällen weist ein Teil der Wir-

belsäule eine Pranastauung oder einen Pranamangel auf, selbst wenn der Patient noch nicht über Rückenbeschwerden klagt.
4. Beim Scanning des Halsbereiches muß das Kinn etwas angehoben werden, damit man ein genaues Ergebnis bekommt. Es besteht sonst die Gefahr, daß die innere Aura des Kinns den tatsächlichen Zustand des Halsbereichs verschleiert.
5. Das Scanning der Lunge sollte vom Rücken und von den Seiten aus geschehen und nicht von vorn. Auf diese Weise erhält man ein genaueres Ergebnis. An den Brustwarzen befinden sich zwei Minichakras. Es besteht daher die Möglichkeit, daß sie das Scanning der Lunge beeinträchtigen. Bei einer fortgeschrittenen Pranaheiltechnik wird die Lunge anstatt mit der ganzen Hand nur mit zwei Fingern von vorn, von den Seiten und von hinten abgetastet.
6. Besondere Aufmerksamkeit sollte dem Solarplexuschakra gewidmet werden, da viele Erkrankungen emotionalen Ursprungs es negativ beeinflussen.

Auswertung der Ergebnisse des Scanning der inneren Aura

1. Beim Scanning Ihres Patienten werden Sie bemerken, daß es in manchen Bereichen der inneren Aura des Patienten Vertiefungen oder Vorwölbungen gibt. Eine solche Einbuchtung wird durch Pranamangel verursacht. Aus dem betroffenen Körperteil scheint Prana zu entweichen oder von vornherein in unzureichendem Maße vorhanden zu sein. Die feinen Meridiane dieses Bereichs sind teilweise mehr oder weniger stark blockiert und verhindern, daß frische Pranaenergie aus anderen Teilen des Körpers einfließen und den betroffenen Körperteil aktivieren kann.

Bei Pranamangel ist das entsprechende Chakra erschöpft und mit schmutziger, kranker bioplasmatischer Materie angefüllt. Gewöhnlich ist es teilweise überaktiviert.
2. Weist eine Stelle eine Wölbung auf, ist die Ursache eine Pranaverstopfung oder Stauung bioplasmatischer Materie. Das bedeutet, daß im betreffenden Bereich zu viel Prana vorhanden ist und die entsprechenden feinstofflichen Meridiane wie im ersten Fall teilweise oder stark blockiert sind. Da der Pranaüberschuß nicht frei abfließen und kein oder kaum frisches Prana zufließen kann, verlieren das gestaute Prana und die angesammelte bioplasmatische Materie an Vitalität und erkranken nach einer gewissen Zeit. Bei Pranaverstopfung ist auch das jeweilige Chakra verstopft und mit kranker bioplasmatischer Materie angefüllt. Gewöhnlich liegt gleichzeitig eine teilweise Überaktivierung vor.
3. In einem erkrankten Bereich können gleichzeitig Pranastauung und Pranamangel bestehen: Ein Teil der betroffenen Aura weist eine Höhlung auf, ein anderer eine Ausbuchtung. So kann beispielsweise die Leber in ihrem linken Teil gestaut und daher gewölbt sein, in der rechten Hälfte aber eine Höhlung zeigen. Oder: Der linke Teil des Herzens ist gestaut und weist eine Vorwölbung auf, während die rechte Herzhälfte unter ernsten Mangelerscheinungen leidet.
4. Je kleiner die innere Aura, um so höher ist der Pranamangel. Je größer die Vorwölbung der inneren Aura, um so schwerwiegender ist die Stauung im betroffenen Körperbereich. Je kleiner oder größer die innere Aura eines erkrankten Körperteils ist, um so schwerer ist auch die Erkrankung.
5. Es kann in einem Bereich zeitweise zu Pranaüberschuß kommen, ohne daß hier etwas nicht in Ordnung wäre. So kann man beispielsweise beim Scanning eine starke Ausbuchtung der inneren Aura im Gesäßbereich wahrnehmen, wenn der Betreffende lange Zeit sitzend zuge-

bracht hat. Da in diesem Fall die Meridiane jedoch nicht blockiert sind, normalisiert sich der Zustand nach kurzer Zeit.

6. Es kann in einem Bereich aber auch zeitweise zu einem Pranamangel kommen, ohne daß dem Betreffenden etwas fehlt. Hatte er z. B. kurz vor dem Scanning eine heftige Auseinandersetzung, so zeigt sich das als zeitweiliger Pranamangel im Bereich des Solarplexus. Nach einigen Stunden Ruhe wird sich der Zustand wieder normalisieren. Ständiger Streit und Ärger können jedoch anhaltenden Pranamangel im Bereich des Solarplexuschakras hervorrufen, wodurch Bauchbeschwerden und möglicherweise auch Herzerkrankungen ausgelöst werden können.

7. Man sollte den körperlichen Zustand des Patienten sorgfältig beobachten. Auch der Patient selbst muß eingehend befragt werden, bevor ein voreiliger Schluß gezogen wird.

8. Erkrankungen manifestieren sich zuerst im bioplasmatischen Körper, bevor sie sich im physischen Körper zeigen. Es gibt Fälle, wo ein Pranamangel oder eine Pranastauung in der inneren Aura eines betroffenen Körperteils vorliegen, obwohl medizinische Untersuchungen ein negatives Ergebnis bzw. einen normalen Zustand zeigen. In diesen Fällen hat die Erkrankung sich noch nicht im sichtbaren physischen Körper manifestiert. Pranaheilen sollte daher auf eine Erkrankung angewandt werden, bevor sie sich physisch manifestieren kann.

Scanning mit den Fingern

Dieser Text ist ebenfalls dem Buch *Grundlagen des Pranaheilens* (S. 102) entnommen.

Nach der Sensibilisierung der Hände überprüfen Sie durch Scanning mit zwei Fingern Ihre eigene Innenhand. Bewegen Sie die Finger langsam ein wenig hin und her, bis Sie die innere Aura Ihrer Handfläche spüren. Ertasten Sie mit zwei Fingern, wie dick die Aura der Innenhand ist. Versuchen Sie, die verschiedenen Schichten der Aura zu fühlen. Gebrauchen Sie beim Scanning auch einmal nur einen Finger, und überprüfen Sie damit die Innenhand. Konzentrieren Sie sich beim Scanning mit den Fingern immer auf die Fingerspitzen. Dadurch werden die kleinen Fingerchakras noch stärker aktiviert, und die Sensibilität der Finger nimmt zu.

Wenn Sie beim Scanning Handflächen und Finger zu Hilfe nehmen, konzentrieren Sie sich gleichzeitig auf die Mitte der Handflächen und auf die Fingerspitzen. Zur Lokalisierung von punktuell auftretenden Beschwerden sind die Finger unentbehrlich; eine kleine erkrankte Stelle könnte unter der Fläche der ganzen Hand, von gesunden Teilen sozusagen »getarnt«, unentdeckt bleiben. Patienten mit Augenbeschwerden beispielsweise leiden im allgemeinen unter Pranamangel in den Augen, während die inneren Auren der angrenzenden Bereiche völlig normal sein können. Da die innere Aura der Augen einen Durchmesser von nicht mehr als etwa fünf Zentimetern hat, wird man mit den Händen wahrscheinlich vor allem die gesunden Augenbrauen und den gesunden Stirnbereich wahrnehmen, ohne die kleinen Stellen zu entdecken, an denen Unregelmäßigkeiten auftreten. So etwas ist nur zu vermeiden, indem man beim Scanning die Finger benutzt. Auch im Bereich der Wirbelsäule sollte man immer nur mit einem oder zwei Fingern arbeiten, damit auch kleine gestörte Abschnitte lokalisiert werden können.

Wenn Sie einen Patienten mittels Scanning untersuchen, brauchen Sie die äußere Aura und die Gesundheitsaura nicht zu beachten. Sie haben zwar gelernt, wie man sie überprüft. Für das Scanning ist aber nur die innere Aura des Patienten von Bedeutung. Ihr allgemeiner Energiepegel dient als Maßstab, wenn der Zustand verschiedener Hauptchakras und lebenswichtiger Organe verglichen werden soll. Wird ein bestimmter Bereich zu lange abgetastet, geht die Genauigkeit des Scanning verloren, weil diese Stelle während der Überprüfung auch gleichzeitig energetisiert wird.

Es ist wichtig, daß Sie beim Scanning einen Druck oder Widerstand fühlen, damit Sie die Stärke der inneren Aura des untersuchten Körperteils feststellen können. Manche werden vielleicht Schmerzen in den Händen oder Fingern spüren, wenn sie mit einem erkrankten Körperteil in Kontakt kommen. Die innere Aura besitzt sieben Schichten. Beim Scanning der inneren Aura können Sie einen Druck in etwa zwölf Zentimetern Entfernung vom Körper fühlen. Eine weitere Schicht, die dichter ist und einen stärkeren Widerstand aufweist, ist ungefähr fünf bis acht Zentimeter von der Haut entfernt. Beim Scanning der inneren Aura eines Körperteils scheint diese zuerst oft ganz normal zu sein. Wenn man aber etwas weiter nach innen tastet, spürt man, daß die nächste Schicht ziemlich dünn ist; dies weist auf Pranamangel hin. Beim Scanning der inneren Aura ist es wichtig, nicht nur die erste Schicht zu überprüfen, sondern auch die inneren Schichten. Ein fortgeschrittener Yogi oder ein erfahrener Meister des Ch'i-Kung (die Kunst, innere Kraft zu erzeugen) besitzt eine verhältnismäßig umfangreiche innere Aura mit vielen Schichten, die manchmal mehr als einen Meter dick ist.

Bei der Behandlung schwieriger Fälle sollten die elf Hauptchakras, die bedeutenderen kleineren Chakras, alle

Anhang

Abb. 8.3 Scanning der Aura mit den Fingern

großen lebenswichtigen Organe und die Wirbelsäule gründlich durch Scanning überprüft werden. Nur durch das richtige Scanning und durch das rechte Verständnis der Natur der Erkrankung findet man zur angemessenen Behandlung.

Anhang 3

Heilen mit göttlicher Energie

Bei einer »Wunderheilung« hat der Patient große Ehrfurcht vor Gott und ist ihm und den höheren Wesen gegenüber sehr aufnahmebereit. Dieser Zustand der Verehrung und Aufnahmefähigkeit veranlaßt den Energiekörper, eine Menge normales violettes Prana zu produzieren. Aus diesem Grunde wird die Farbe Violett mit Spiritualität in Verbindung gebracht. Normales violettes Prana macht sowohl den Energiekörper, als auch den physischen Körper außerordentlich empfänglich für die göttliche Heilungsenergie oder das elektrisch-violette Licht. Auf diese Weise geschehen Wunderheilungen.

Gewöhnlich sind Menschen, die skeptisch sind und keine Achtung vor Gott haben, nicht in der Lage, genügend normales violettes Prana zu produzieren. Wenn elektrisch-violettes Licht projiziert wird, ist die Antwort des Energiekörpers und des physischen Körpers minimal, manchmal gar nicht vorhanden. Daraus folgt, daß der Heilungsprozeß sehr langsam oder überhaupt nicht geschieht. Wenn wir den Patienten mit einfachem violetten Prana energetisieren und dann mit elektrisch-violettem Prana, sind wir in der Lage, ähnliche Bedingungen herzustellen, wie sie erforderlich sind, um eine göttliche Wunderheilung geschehen zu lassen.

Diese Technik wirkt sehr stark. Sie sollte vorzugsweise nicht auf folgende Chakras angewandt werden:

1. Meng-Mein-Chakra	Die Anwendung auf das Meng-Mein-Chakra könnte Bluthochdruck hervorrufen.
2. Wurzelchakra, Sexualchakra, Dammnebenchakra	Die Technik könnte das Wurzelchakra überaktivieren und den Menschen ruhelos werden lassen. Sie hat auch die Tendenz, die Kundalini-Energie unsachgemäß zu wecken. Diese Energie befindet sich am unteren Ende der Wirbelsäule. Unsachgemäßes Erwecken der Kundalini-Energie kann physische und psychische Probleme hervorrufen. Wird die Technik auf das Sexualchakra angewandt, kann es stark überaktiviert werden und dadurch den Sexualtrieb erheblich verstärken. Das kann zu ernsten Problemen in der Partnerschaft führen.
3. Milzchakra	Hier kann die Technik eine Verstopfung des Energiekörpers verursachen.
4. Herzchakra	Wenden Sie die Technik weder auf das vordere Herzchakra noch auf den Brustbereich an, da sie dazu führen kann, daß das Herzchakra stark überaktiviert wird und verstopft. Das könnte dann physische Herzprobleme verursachen.

Das Verhältnis von einfachem hellen weißlich-violetten Prana zu hellem elektrisch-violetten Prana ist vier zu eins

(4:1). Wenn der Patient kräftiger wird, kann das Verhältnis erhöht werden auf drei zu eins (3:1). Die ordnungsgemäße Anwendung dieser Technik muß durch praktische Erfahrung gelernt werden. Ein Überenergetisieren des Patienten kann eine radikale Reaktion hervorrufen und so den Zustand verschlimmern. Ist der Patient unzureichend energetisiert, so kann es sein, daß er nicht gesund wird oder daß die Heilung nicht in der erwarteten Form eintritt. Der Heiler muß der inneren Führung sensibel folgen, um diese Technik im richtigen Sinne anzuwenden. Es ist ratsam, vor ihrer Anwendung um göttlichen Segen zu bitten.

Diese Technik darf nur von erfahrenen, fortgeschrittenen Pranaheilern angewandt werden, nicht von Anfängern.

Anhang 4

Kurse und Seminare

Master Choa Kok Sui hält Seminare und Kurse über folgende Themen:

- Pranaheilen für Anfänger und Fortgeschrittene
- Prana-Psychotherapie
- Pranaheilen mit Kristallen
- Psychische Selbstverteidigung
- Kriyashakti: Die Kunst der Materialisation
- Arhata Meditation: Vorbereitung, 1, 2, 3, 4, 5 und höhere Grade
- Hellsichtigkeit u. a.

Dazu wenden Sie sich bitte an:

Claussen-Organisation
Tal-Haus/Rütte
D-79682 Todtmoos-Rütte
Telefon 0 76 74 / 86 62
Fax 0 76 74 / 12 74

oder

Institute for Inner Studies, Inc.
P.O. Box 4903
Makati Central Post Office
Makati City 1289
Philippinen
Telefon (632) 819–1874; 812–2326; 813–2562
Fax (632) 731–3828

Anhang 5

Prana-Heilungszentren und -organisationen

Kontaktadressen im deutschsprachigen Raum

Deutschland

Sai Cholleti und Ruth Ebbinghaus
SRI SAI SPIRITUAL SATSANG
Sollner Straße 71
81479 München
Tel./Fax: (0 89) 79 52 90

Joseph und Petra Contrada
PRANIC HEALING CENTER
Schlackstraße 16
50737 Köln
Tel.: (02 21) 9 57 80 80
Fax: (02 21) 9 57 80 81

Bremen:
Manfred Wördemann
Dorfstraße 9
28816 Seckenhausen
Tel.: (04 21) 80 37 86

Hamburg:
Eiko Krebs
Bilser Straße 28
22297 Hamburg
Tel./Fax: (0 40) 51 72 69

Michaela Friedrich
Bilser Straße 32c
22297 Hamburg
Tel.: (0 40) 5 11 40 82

Winfried J. J. Pfliegel
Hartwig-Hesse-Straße 27
20257 Hamburg
Tel.: (0 40) 49 33 03

Hannover:
Frank Seipke
Friedrichstraße 14
27472 Cuxhaven
Tel.: (0 47 21) 3 81 80

Igor Rosegger
Wöhlerstraße 10
38116 Braunschweig

Norddeutschland:
(Ärzte und Krankenschwestern)
Dr. Margrit Gölling
Weingarten 22
21481 Lauenburg
Tel.: (0 41 53) 34 11

Nord-Niedersachsen:
Elke und Attila Pocza
Möwensteert 12
26723 Emden
Tel.: (0 49 21) 6 58 47

Rheinland-Pfalz:
Adelheid Weber
Am Haseberg 4
56414 Herschbach/Oww
Tel.: (0 64 35) 24 28
Fax: (0 64 35) 36 71

Schleswig-Holstein:
Barbara Lohfert
Simrockstraße 135 b
22589 Hamburg
Tel.: (0 40) 87 27 22

Stuttgart:
Edeltraud Mosthaf
Haldenbergstraße 1
73066 Uhingen
Tel.: (0 71 61) 3 98 33

Augsburg/Heilbronn:
Leni Elisabeth Gilgen-Ammar
Friedberger Straße 117
86163 Augsburg
Tel.: (08 31) 66 83 14

Österreich

Burgi Sedlak
Müllner Hauptstraße 36
A-5020 Salzburg
Tel./Fax: (06 62) 43 81 19

Schweiz

Stefan Weiss
PRANIC HEALING SCHWEIZ
Weinberglistraße 7
CH-6005 Luzern
Tel./Fax: (0 41) 3 60 77 53

Bern:
Max Witschi
PRAXIS FÜR PRANIC HEALING
Gotthelfstraße 44
CH-3401 Burgdorf
Tel.: (0 34) 4 23 25 28
Fax: (0 34) 4 22 60 30

Bern, Wallis, Freiburg:
Ulrich Klötzli
Buechwaldstraße 66b
CH-3627 Heimberg
Tel./Fax: (0 33) 4 37 38 54

Appenzell, Thurgau, St. Gallen, Basel:
Rolf Adam
Werderstraße 23
D-79370 Müllheim
Tel./Fax: (0 76 31) 17 04 03

Zürich:
Andreas Muther
Unterdorf 131
CH-8476 Unter-Stammheim
Tel.: (0 52) 7 45 25 50

Graubünden, Liechtenstein:
Hildegard Kündig
Landstraße 28
CH-7304 Maienfeld (GR)
Tel.: (0 81) 3 30 16 26
Fax: (0 81) 3 30 16 27

Register

alte Leute 36
Ältere, spirituelle 56
Amethyst 38
Arthritis 80 f.
Atemwege 83
Aufladen 108
Augen 105
Augen, Energetisierung 35
Augen, überanstrengte 80
Aura 133, 136, 138

Bewußtsein 12
Bewußtseinsfunken 12
blau 129
Bluthochdruck 16, 87 ff.
Brechreiz 75 f.

Chakra 12
Chakra energetisieren 54
Chakra reinigen 53
Chakra-Aktivator 43, 63, 68, 107
Chakra-Umfang 32

Dammnebenchakra 145
Dank 117
Diamant 39
Durchfall 75 f., 83
Durchfallerkrankung 106

Energie, kranke 46, 52, 66
Energiefeld, bioplasmatisches 133
Energiekörper 107
Engel 56, 58, 113, 115, 116
Erbrechen 83
Erde 108, 110, 113, 115
Ethylalkohol 23
Exorzismus 113
Extraktor 64, 66

Fieber 82 ff.

Gaumen 33
Gebet 28, 56
Gedächtnisverlust 91
gelb 129
Gesundheitsstörungen 68
Gold 102
Granat 39
grün 129

Hals-/Handchakra-Technik 100
Halschakra 100
Halsschmerz 83
Hand, empfangende 34, 45, 54, 68
Hand, projizierende 34, 45, 68
Hand, übertragende 54
Handchakra 30, 98, 100, 102
Harnwege 83
Heilkraft verstärken 30
Helfer, heilende 56
Herz 105
Herz, Energetisierung 35
Herzchakra 145

Herzprobleme 16, 89f.
Husten 83

Infektion 83

Karma 18
Kind 124
Kleinkind 34, 36
Kopf 105
Kopfchakra 106
Kopfschmerz 77, 80
Krankheiten 68
Krebs 16
Kristall 11, 32, 37, 38, 64, 110
Kristall automatisch aufladen 116
Kristall programmieren 29
Kristall reinigen 19, 33
Kristall weihen 113
Kristall, aufgeladener 107
Kristall, chakra-aktivierend 43
Kristalle auflegen 122, 124
Kristalle, geweihte 122, 124
Kristallpendel 120
Kristallspitze 33
Kronen-/Handchakra-Technik 22, 26, 102
Kronenchakra 60, 102
Kundalini-Energie 145

Laser-Quarzkristall 41, 97
Laserkristall 41, 45, 54
Lehrer, spirituelle 56
Leukämie 16
Licht, elektrisch-violettes 26
Lichtwesen 56, 113
Luft 108, 110, 113, 115

Magen-Darm-Bereich 83
Meditation 17
Meng-Mein-Chakra 36, 145
Mensch, geistig oder psychisch unausgeglichen 17

Menstruationsbeschwerden 72f.
Methylalkohol 23
Milzchakra 36, 105, 145
Multiple Sklerose 91ff.

Nase, verstopfte 83
Naturgeister 113

orange 129

Patient 63
Patienten, schwache, alte 34
Patienten, sterbende 106
Perforationstechnik 51
Prana, blaues 100
Prana, einfaches violettes 102
Prana, elektrisch-violettes 102, 144
Prana, farbiges 97, 104
Prana, grünes 100
Prana, orangefarbenes 98, 105
Prana, orangegelbes 98
Prana, orangerotes 98
Prana, rotes 98
Prana, tiefgelbes 98
Prana, zartgelbes 102
Prana-Fernheilung 63
Pranaatmung 108, 110, 113
Pranaenergie 30, 32, 60, 107
Pranaenergie stabilisieren 55
Pranafarben, dunkle 105
Pranamangel 30, 40, 133, 138
Pranastauung 35, 36, 133, 138
Prostata, vergrößerte 73f.

Quarz 38
Quarzkristall 30, 32, 37, 54, 97

Räucherwerk 21, 24
reinigen 121
Ring 129

Register

Ring mit einem Kristall 37
rosa 129
Rosenquarz 37, 38
rot 129
Rückenbereich 83

Salz 21, 110
Sandelholz 24
Säugling 34, 36
Scanning 136 ff., 138
Schambereich 83
Schmerz im Unterbauch 83
Schmuck 121, 122
Schwangere 17, 36, 106, 124
Segen 114, 118
Segen, göttlicher 56
sensibilisieren 133
Sexualchakra 60, 145
Smaragd 38
Solarplexuschakra 55
Sonne 108, 110, 113, 115
Stabilisieren 29
Streß 66
Streßkopfschmerz 78 f.
Stuhl 83
Sweeping, allgemeines 45
Sweeping, örtliches 47
Sweeping, verteilendes 60

Taubheit 91
Tumor 16
Turmalin, grüner 38

Unterleibsschmerz 75 f., 106

Verbindung trennen 55
Verbrennungen 70 f.
violett 129, 144
Visualisierung 63

Wasser 21
Wasserlassen 83
Weihen 108
Weihung 118
Wesen, große 56
Wesen, Höchstes 114
Wesen, höheres 113
Wunden 69 f.
Wunderheilung 144
Wurzel-/Handchakra-Technik 98
Wurzelchakra 98, 107, 145

Zahnschmerzen 71 f.
Zickzacklinie 46
Zirkulation 60
Zungenspitze 33

Bitte beachten Sie die folgenden Seiten

Der Prana-Kristall-Stab

Wie im vorliegenden Buch ausführlich beschrieben.

Klarer Quarzkristall
Länge ca. 14 cm
DM 69,-
Best.-Nr. 8120

Direkt zu beziehen von
Prana-Haus · Kronenstraße 2-4 · D-79100 Freiburg
Telefon 0761/7082-111, Telefax 0761/701811

Von Choa Kok Sui sind bisher
im Verlag Hermann Bauer erschienen:

Grundlagen des Pranaheilens

198 S. mit 27 Farbabb. und 72 Zeichn., geb.;
ISBN 3-7626-0509-2

Choa Kok Sui zeigt in diesem Buch, wie Krankheiten durch den Energiekörper, die Aura des Menschen, erkannt und behandelt werden können. Dabei stellt er einfache Grundtechniken vor, mit deren Hilfe ein intaktes bioplasmatisches Feld wiederhergestellt werden kann. Die Chakras werden so gereinigt und mit weißem Prana aufgeladen. Ein praxisorientierter Kurs für Anfänger auf dem Gebiet der Pranaheilung.

Die hohe Kunst des Pranaheilens

369 S. mit 74 Abb. und 4 Farbtafeln, geb.;
ISBN 3-7626-0492-4

Ein Buch für Fortgeschrittene als Einstieg in eine höhere Stufe des Pranaheilens. Es wiederholt das Basiswissen und vermittelt neue Techniken. Im Mittelpunkt steht dabei die Übertragung von Farbprana. Schritt für Schritt zeigt Choa Kok Sui, wie man die universelle Lebenskraft Prana als Farbenergie aufnimmt und anwendet, um sich und andere zu heilen.

Grundlagen der Prana-Psychotherapie

200 S. mit 36 Abb., kart.; ISBN 3-7626-0520-3

In diesem dritten Band stellt der Autor erste Grundlagen einer neuen Heilmethode zur Vorbeugung und Behandlung psychischer Leiden wie Streß, Sucht und Traumata vor. Daneben geht Choa Kok Sui ausführlich auf die energetischen Gefahren ein, denen Psychotherapeuten bei ihrer Arbeit begegnen können und zeigt Wege zur Vorbeugung auf.

Verlag Hermann Bauer · Freiburg im Breisgau

Das führende Magazin für Neues Denken und Handeln

Das Bewußtsein bestimmt die Welt um uns herum. Vom Bewußtsein hängt es ab, ob Sie ein glückliches, sinnerfülltes oder scheinbar glück- und „sinnloses" Leben führen. Es prägt unser Denken und Handeln.

Das ist das Spezialgebiet von **esotera**: das „Wesentliche" des Menschen, sein Bewußtsein, seine verborgenen inneren Kräfte und Fähigkeiten. **esotera** gewährt Einblick in die „wahre Wirklichkeit" hinter dem „Begreifbaren".
Und gibt Antworten auf die brennende Fragen, die irgendwann jeden zutiefst bewegen: Woher kommen wir? Wohin gehen wir?

esotera weist Wege aus der spirituellen Krise unserer Zeit. Wege zu einem erfüllteren Dasein: mit kompetenter Berichterstattung über neueste und uralte Erkenntnisse, mit faszinierenden Reportagen, aktuellen Serien und praktischen Info-Rubriken: z.B. Literatur-, Musik- und Video-Besprechungen, Leser-Forum, Marktnische usw.

Und jeden Monat das „KURS-BUCH", die umfangreichste Zusammenstellung esoterischer und spiritueller Veranstaltungen, Kurse, Reisen und Seminare weltweit – als kostenloses Extra zu jedem Heft dazu.

Die ständigen Themenbereiche in jedem Heft:
**Neues Denken und Handeln
Ganzheitliche Gesundheit
Spirituelle Kreativität
Esoterische Lebenshilfen
Urwissen der Menschheit
Paranormale Erscheinungen**

Im Zeitschriftenhandel. Oder Probeheft direkt vom

Verlag Hermann Bauer KG
Kronenstraße 2 - 4
79100 Freiburg

Telefon 0761 / 7082-111
Telefax 0761 / 701811
E-Mail: Hermann-Bauer-KG@T-Online.de